처음 시작하는
수익형 부동산

누구나 월세부자 되는 가장 쉬운 방법

처음 시작하는

수익형 부동산

윤동순 지음

라의눈

평생 월급밖에 몰랐던
당신을 위한
월세 투자 교과서

"천에서 오천?"

내 답변에 후배 녀석이 깜짝 놀란다.

"정말이에요? 부동산 투자하는 데 1~2천만 있으면 돼요?"

부동산 투자를 하려면 최소한 2~3억 원은 있어야 한다고 생각하는 사람이 의외로 많다. 부동산 투자를 한 번도 해보지 않은 왕초보들의 가장 큰 착각이다. 그러나 투자를 위해 나를 찾는 분들은 1,000만 원에서 5,000만 원의 여유 자금을 가진 분들이 가장 많다. 1,000만 원으로 원룸을 사서 매월 꼬박꼬박 50만 원의 월세를 받는 직장인부터 5,000만 원을 투자해 강남의 2억 1천만 원의 투룸을 구입, 시세차익은 물론 은행이자를 빼고도 매달 120만 원의 월세를 받는 주부에 이르기까지 초보 투자자들의 성공 사례는 무수히 많다. 덕분에 옥수수나 고구마 등 내 사무실은 언제나 그들이 보내준 선물로 넘쳐난다.

놀라운 것은 또 있다. 20년간 수많은 상담을 해오면서 가장 의아했던 것은, 그렇게 정보가 넘치고 수많은 책이 쏟아져 나오는데도 대부분의 질문들이 지극히 초보적인 수준이라는 것이다. 질문 내용도 거의 비슷하다. 내가 똑같은 질문에 답변하는 로봇 같다는 생각이 들 정도다. 그런데 안타까운 것은 아주 기본인 것을 소홀히 해서 막대한 손실을 떠안는 경우가 자주 목격된다는 것이다. 그래서 언젠가는 평생 한 번도 부동산 투자를 해보지 않은 왕초보자들을 위한 책을 쓰리라 마음먹은 지가 벌써 수년째다.

요즘 수익형 부동산이 핫하다. 수익형 부동산은 말 그대로 꾸준한 수익을 얻을 수 있는 부동산을 말한다. 주로 임대소득, 즉 월세다. 적은 금액으로 안정적인 수입이 가능하니 초보 투자자에게는 안성맞춤이다. 게다가 수익형 부동산은 앞으로 부동산 시장을 좌우할 것으로 보인다.

 왕초보를 위한 책 쓰기를 더는 미룰 수 없다는 생각이 들었다. 그래서 수익형 부동산에 대해 그동안 초보자들에게 가장 많이 받은 질문을 모았다. 그리고 초보자도 차근차근 배울 수 있도록 기본 용어나 개념부터 시작해 언제 어디에 투자해야 할지, 주의할 점은 무엇인지, 투자 전략과 원칙까지 체계적으로 정리했다. 그야말로 투자자들이 꼭 알아야 할 핵심만 추린 알짜 정보다. 내가 실제로 현장에서 가르쳐 많은 투자자를 성공 투자로 이끈 핵심 가이드기도 하다. 물론 현 시점에서 투자 유망 지역에 대한 상세한 설명도 빠뜨리지 않았다.

 수익형 부동산 투자에는 수많은 요소가 숨어 있다. 투자하려는 곳에 어떤 사람들이 월세를 찾는지, 서울로 출퇴근이 가능한지, 역에서 얼마큼 걸어야 하는지, 근처에 병원이나 공원 등 다른 장점은 없는지 등 살펴야 할 것이 한둘이 아니다. 거기에 오피스텔에 투자할지 아니면 도시형 생활주택에 투자할지도 고민

해봐야 한다. 어느 곳에 투자하느냐에 따라 관련법도 달라진다. 몇 달 전 들어선 문재인 정부의 부동산 정책도 간과해서는 안 된다. 그래서 공부를 해야 한다.

부동산 시장은 오늘도 출렁인다. 당장 글을 쓰고 있는 이 순간에도 정책 변화, 특히 투기과열지구 지정이 곧 있을 거라는 소식이 카톡을 통해서 계속 들어오고 있다. 부동산 시장이 계속해서 움직이고 있다는 증거다. 이처럼 부동산은 살아 있는 생명체와 같다. 지난달에는 호황이더니 이번 달에는 불황인 게 부동산이다. 그러나 단단히 대비하면 실패를 최소한으로 줄이고 꾸준한 수익을 얻을 수 있다. 이 책이 부동산 시장에 뛰어드는 왕초보 투자자에게 조금이나마 도움이 되기를 바란다.

2017년 8월
윤동순

CONTENTS

프롤로그   5

1 수익형 부동산 투자를 위한 상식

1 부동산 투자 대상에는 어떤 것이 있을까?   17

2 부동산 가격이 오르는 이유   19

3 용어를 알아야 부동산이 보인다   22

4 비슷한 듯 서로 다른 3가지   26

5 전세권과 임차권, 어떤 게 나을까?   29

6 대출받아야 한다면, 이것만은 알아두자   31

7 주택임대사업자가 되는 법   35

2 수익형 부동산, 그것이 궁금하다

1 수익형 부동산이란 무엇일까?   43

2 수익형 부동산, 과연 안전할까?   46

3 수익형 부동산과 갭투자의 차이   49

4 오피스텔은 뭐고, 도시형 생활주택은 뭐지?   52

5 아파트와 오피스텔의 가격은 어떻게 계산할까?   56

6 매력적이지만 어려운 상가 투자   58

7 입지냐, 타이밍이냐   61

8 어떻게 투자하느냐에 따라 성패가 갈린다   63

9 72법칙과 100법칙   67

3 성공하는 수익형 부동산은 따로 있다

1 나만의 투자 전략을 세우자　　75

2 언제 투자해야 할까?　　77

3 상승기와 하락기 부동산 흐름을 타라　　80

4 어디에 투자해야 할까?　　83

5 역세권마다 달라지는 수익　　85

6 3가지 '세권'을 공략하라　　89

7 두 마리 토끼를 잡는 역세권 초소형 투자　　92

8 20~30대가 사는 곳이 핵심이다　　94

9 안전한 오피스텔 고르기　　97

4 수익형 부동산 투자 노하우

1 투자금마다 투자 전략이 달라져야 한다　　103

2 똑같은 돈으로 더 좋은 물건 고르는 법　　108

3 투자 기법에 따라 수익률이 달라진다　　111

4 크기마다 달라지는 활용도　　115

5 절세로 수익 올리기　　117

6 부동산으로 한 달에 100만 원 버는 법　　125

7 100법칙으로 알아보는 부동산 팔아야 할 때　　131

5 돈이 되는 수익형 부동산 투자 지역

1 누구나 탐내는 곳, 신도시 지역   139

    1) 남양주 다산신도시   140

    2) 화성 동탄2신도시   143

    3) 인천 송도신도시   146

    4) 하남 미사강변도시   149

    5) 수원 호매실지구   153

2 갔던 길도 돌아보자, 도심 재개발 지역   156

    1) 서울 거여·마천뉴타운   157

    2) 서울 마곡지구   161

    3) 고양 능곡뉴타운   164

    4) 부천 부천종합운동장 역세권 개발지구   168

    5) 인천 도화지구   171

    6) 용인 역북지구   174

    7) 서울 신길뉴타운   177

    8) 서울 노량진뉴타운   181

6 수익형 부동산, 이것만 기억하자!

1 무리해서 투지히지 말자   187

2 부동산에 싸고 좋은 물건은 없다   189

3 확신이 설 때 투자하자   191

4 모르는 지역은 투자하지 말자   193

5 자주 가볼 수 있는 지역을 선택하자   195

6 관심 물건은 반드시 주변에 자문을 구하자   197

1

수익형 부동산
투자를 위한 상식

1 부동산 투자 대상에는 어떤 것이 있을까?

　우리가 일상생활에서 부동산이라고 접하는 것들은 주로 아파트나 주택, 상가 등이다. 이러한 부동산들은 크게 주거용 부동산과 상업용 부동산으로 나뉘며, 상업용 부동산은 주로 상가로 통용되고 있다. 부동산을 유형에 따라 나눈 것은 그 부동산의 용도가 다르기 때문이기도 하지만, 그에 접근하는 방식 또한 달라서다. 때문에 투자 방법과 전략도 부동산 유형에 맞게 다르게 적용할 수 있어야 한다.

주거용 부동산 유형

구분		내용
단독주택	단독주택	가정보육시설 포함(유아방, 놀이방) 용도 변경 불필요, 면적 제한 없음
	다중주택	학생 또는 직장인 등 다수인이 장기간 거주할 수 있는 구조 독립된 주거의 형태가 아님 총면적이 330㎡ 이하이고, 3층 이하일 것
	다가구주택	주택으로 쓰이는 층수가 3개 층 이하일 것 1개동의 주택으로 쓰이는 바닥 면적(지하주차장 면적은 제외)의 합계가 660㎡ 이하일 것 19세대 이하가 거주할 수 있는 구조인 것
공동주택	연립주택	주택으로 쓰이는 총면적이 660㎡를 초과하고, 층수가 4개 층 이하인 주택
	다세대주택	주택으로 쓰이는 총면적이 660㎡ 이하이고, 층수가 4개 층 이하인 주택
	아파트	주택으로 쓰이는 층수가 5개 층 이상인 주택
	기숙사	학교 또는 공장 등의 학생 또는 종업원 등을 위하여 쓰는 것 공동취사 등을 할 수 있는 구조를 갖추되, 독립된 주거의 형태를 갖추지 아니한 것
	도시형 생활주택 — 원룸형	전용면적 12~50㎡, 욕실, 주방 설치 가능한 주택
	도시형 생활주택 — 단지형 다세대 / 단지형 연립주택	전용면적 85㎡ 이하, 욕실, 주방 설치 가능한 주택으로 1개동 바닥 면적 합계 660㎡(200평) 이하 단지형 다세대, 660㎡ 초과 단지형 연립
준주택	고시원	다중이용업소의 안전에 관한 특별법에 의한 고시원업의 시설, 독립된 주거 형태를 갖추지 않고 바닥 면적이 500㎡ 미만인 곳
	오피스텔	주방 설치 가능, 욕실 설치 기준 폐지, 업무시설 비율 규정 폐지, 피난거리기준 보강, 안전피난 소음기준 보강
	노인주택	경계벽 및 칸막이벽의 설치법 49조 제2항에 따라 국토해양부령으로 정한 경계벽, 칸막이벽 설치

상가 유형

구분		내용
근린상가	역세권 상가 일반 상업 지역 상가 중심 상업 지역 상가 연도형 상가*	주거지역 인근에 주민들의 생활 편익을 제공하는 상점을 말하며, 건축법상 제1종과 제2종 근린생활시설 및 일부 판매시설, 숙박시설 등이 입점한 상가
상가주택	상가+주택	단일 건물에 1~2층은 상가나 사무실로 되어 있고, 3층 이상은 주택으로 사용하는 상가 건물
단지 내 상가	아파트단지 상가 타운하우스단지 상가 연립 · 다세대단지 상가	주택법의 적용을 받아 아파트단지 내에 입점하는 상가
주상복합 건물상가	주상복합건물상가	주거공간과 상업공간이 복합된 건물로 주상복합 아파트 및 오피스텔 건물에 입점한 상가
쇼핑몰	쇼핑센터/복합쇼핑몰 스트리트몰 로드숍/아울렛 몰	각각의 점포를 개인이 분양받아 점포주들이 함께 모여 운영하는 상가

* 연도형 상가란 도로변에 위치한 상가를 의미한다.

2

부동산 가격이
오르는 이유

부동산 가격이 오르는 원인에는 여러 가지가 있다. 인구나 경제적 요인 때문에 오르기도 하고, 재건축인 경우 주택 정책이 완화해서 오르기도 한다.

다음의 표들은 부동산 가격에 영향을 미치는 여러 가지 요인을 초보자를 위해 결과만 쉽게 정리한 것이다. 예를 들어, 생산인구가 많으면 부동산 가격도 당연히 오른다. 즉, 30~40대 인구가 많으면 부동산 가격이 오른다는 것으로 이해하면 된다.

각각의 요인들이 부동산 가격에 어떤 영향을 미치는지 일일이 설명하면 각 주제마다 책 한 권이 나올 정도로 양이 방대하다. 때문에 자세한 내용은 개별적으로 인터넷이나 책을 통해 찾아보기를 권한다. 물론 여기서 소개하는 내용으로도 부동산 가격 상승 요인을 충분히 짐작할 수 있다.

① 인구가 부동산 가격에 미치는 영향

구분	부동산 가격에 미치는 영향
생산인구	크다
30~40대 인구	크다
자녀 수	크다
가구 수	크다

② 경제적 요인이 부동산 가격에 미치는 영향

구분	부동산 가격에 미치는 영향
소득	크다
통화량	크다
경제성장률	크다
금리	작다
소비자물가지수	크다
미화 달러 환율	작다
외환보유액	크다
주식시장	작다

③ 주택 정책이 부동산 가격에 미치는 영향

구분	부동산 가격에 미치는 영향
개발 정책	크다
세제 감면 정책	크다
규제 완화/활성화 정책	크다
대출 규제 정책	작다

④ 주택시장 요인이 부동산 가격에 미치는 영향

구분	부동산 가격에 미치는 영향
공급	작다
수요	크다
재고량	작다
미분양	작다
거래량	크다
전세가격	크다
호재	크다
투기 수요(가수요)	어느 정도 있다

사실 부동산 가격이 오르는 이유를 한두 가지로 설명하기는 어렵다.

위에서 살펴본 여러 요인들은 부동산 시장에서 동시에 작용한다. 이 과정에서 가격 상승에 영향을 미치는 요인의 힘이 커지면 부동산 가격이 올라가는 것이고, 반대로 작으면 내려간다. 이를 바탕으로 부동산 가격을 이해하면 부동산 투자에 쉽게 적용할 수 있지 않을까 한다.

　　부동산을 처음 접하는 사람들이 모델하우스를 방문하거나 부동산 카탈로그를 보고 어려워하는 점이 있다. 바로 용어다. 전용면적, 공용면적, 공급면적 같은 말은 일반인에게는 매우 생소한 개념이다. 하지만 부동산 투자에 도전한다면 알아둬야 할 필수 상식이다. 중요한 점은 어설프게 알면 도움이 되기는커녕 헷갈리기 쉽다는 것이다. 용어의 차이를 정확히 알아두면 그 뒤로는 전혀 헷갈리지 않을 것이다.

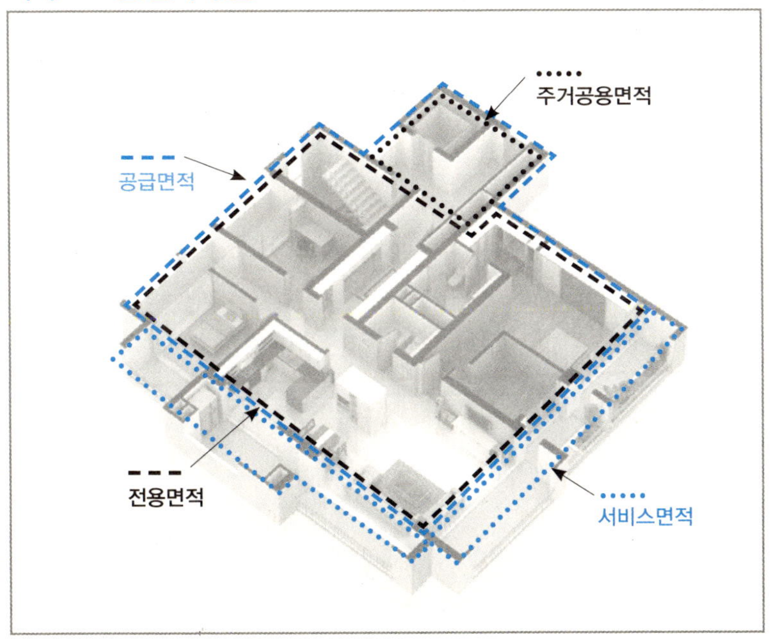

① 전용면적

전용면적이란 아파트 등 공동주택에서 거주자만 쓸 수 있는 공간의 면적을 말한다. 예를 들면, 안방, 거실, 화장실, 주방 등은 거주자만 쓸 수 있으니 전용면적인 셈이다. 전용면적은 또, 누군가와 함께 쓸 수 있느냐에 따라 구분되기도 한다. 거실, 주방, 화장실 등은 다 같이 쓰는 공용공간, 침실은 혼자 쓰는 독점공간이다. 그렇다면 발코니와 베란다는 어떤 공간이냐 궁금할 것이다. 발코니 공간은 서비스면적으로 전용면적에서 제외되며, 이에 관해서는 뒤에서 설명하겠다.

② 공용면적

공용면적은 쉽게 말하면 전용면적을 제외한 부분이다. 예를 들면, 계단, 복도, 엘리베이터가 있다. 공용면적도 용도에 따라 나뉘는데, 먼저 주거공용면적은 다른 사람과 함께 쓰는 계단, 복도, 엘리베이터를 말한다. 그리고 기타공용면적은 관리사무소, 노인정 등이 해당된다. 기타공용면적이란 거주하면서 쓰게 되는 공간 밖의 공용면적인 셈이다. 다른 시설도 상황에 따라 충분히 공용면적에 포함될 수 있다.

③ 공급면적

공급면적은 전용면적과 공용면적을 합한 면적을 말한다. 분양면적이라고도 불린다. 2009년 4월부터 공동주택의 경우 공급면적을 세대별로 표시할 때 주거전용면적을 적는 것으로 바뀌었다. 한편, 공급면적에 기타공용면적을 합한 것을 계약면적이라고 한다.

④ 전용면적, 공용면적, 공급면적의 구분

전용면적은 방, 거실, 주방, 화장실 등이 속한 면적으로, 세금을 낼 때나 청약 자격을 산정할 때의 기준이 된다. 공용면적은 크게 주거공용면적과 기타공용면적으로 나뉘며, 주거공용면적에는 계단, 복도, 엘리베이터가 있고, 기타공용면적에는 관리사무소, 노인정 등이 있다. 전용면적과 주거공용면적을 합한 것이 공급면적이다. 그리고 공급면적과 기타공용면적을 합한 것이 계약면적이다. 한편, 베란다와 발코니는 서비스면적에 해당하며, 전용면적에서 제외된다. 우리가 흔히 말하는 전용률은 분양면적 또는 계약면적 중에 전용면적이 차지하는 비율을 의미한다. 즉, 전용률이 높을수록 자신이 쓸 수 있는 공간이 넓다는 뜻이다.

각 면적별 구분 방법

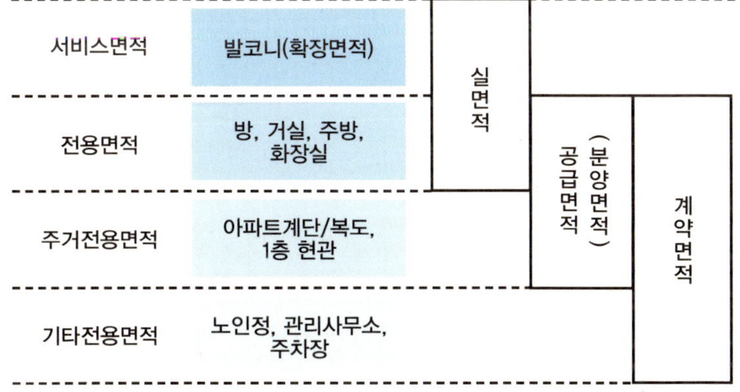

서로 다른 3가지

4

전용면적, 공급면적뿐만 아니라 발코니, 베란다도 헷갈리는 용어 중 하나다. 일상생활에서 많이 쓰이지만 발코니, 베란다, 테라스의 정확한 차이를 아는 사람은 드물 것이다. 이 3가지는 모두 서비스면적과 관련돼 있지만, 구조물 형태는 엄연히 다르다.

1) 발코니(balcony)

발코니란 건축물 외벽, 즉 바깥쪽에 설치하는 공간으로 건축물 내부와 연결되어 있다. 건축법 시행령에서는 '주택의 발코니 등 건축물의 노대나 그 밖에 이와 비슷한 것의 바닥은 난간 등의 설치 여부에 관계없이 노대 등의 면적에서 노대 등이 접한 가장 긴 외벽에 접한 길이에 1.5미터 곱한 값을 뺀 면적을 바닥면적에 산입한다'라고 하고 있다. 여기서 알아둬야 할 것은 이러한 시행령 때문에 아파트의 발코니 폭이 1.5미터를 넘지 않는다는 것이다. 1.5미터를 넘으면 바닥 면적, 즉 총면적에 포함된다. 반면, 발코니를 확장해 거실을 넓게 쓸 경우 법으로는 가능하지만, 안전상의 문제가 존재한다. 화재가 일어났을 때 아래층의 불길이 위층으로 쉽게 옮겨 붙을 수 있기 때문이다.

2) 베란다(veranda)

베란다는 아래층 지붕 위의 공간을 말한다. 아래층과 위층의 면적이 차이가 날 때 여유 공간으로 베란다가 생긴다. 이러한 현상이 일어나는 이유는 다세대나 연립주택을 지을 때 조망권과 사선제한으로 건물이 똑바로 올라가지 못하기 때문이다. 여기서 사선제한斜線制限이란 인접한 도로나 건물 등에서 일정하게 사선을 긋고 그만큼의 높이로 건물을 짓도록 규제한 것을 말한다. 이러한 이유로 건물이 계단 같은 경사면을 갖게 되면서 베란다가 생기는 것이다. 즉, 그렇지 않은 일반적인 아파트는 베란다가 생기기 어렵다. 베란다는 바닥 면적에 포함되지 않기 때문에, 이곳을 거실 등으로 활용해서는 안 된다. 여기서 알 수 있듯, 발코니와 베란다는 엄연히 다른 용어다. 헷갈리지 않도록 주의하자.

3) 테라스(terrace)

테라스는 한마디로 말하자면 '1층에 자리한 야외 공간'이다. 주로 주방이나 거실에서 이어지는 공간으로 지붕이 없는 것이 특징이다. 테라스의 경우, 전원주택이나 아파트 1층에 사는 사람들이 짓는 경우가 많다. 그러나 부동산업계에서는 1층이 아니어도, 즉 고층 아파트의 베란다를 '테라스 하우스terrace house'라고 부르기도 한다. 지붕이 없고 바깥 풍경을 감상할 수 있다는 이유에서인 것 같다.

발코니, 베란다, 테라스의 차이

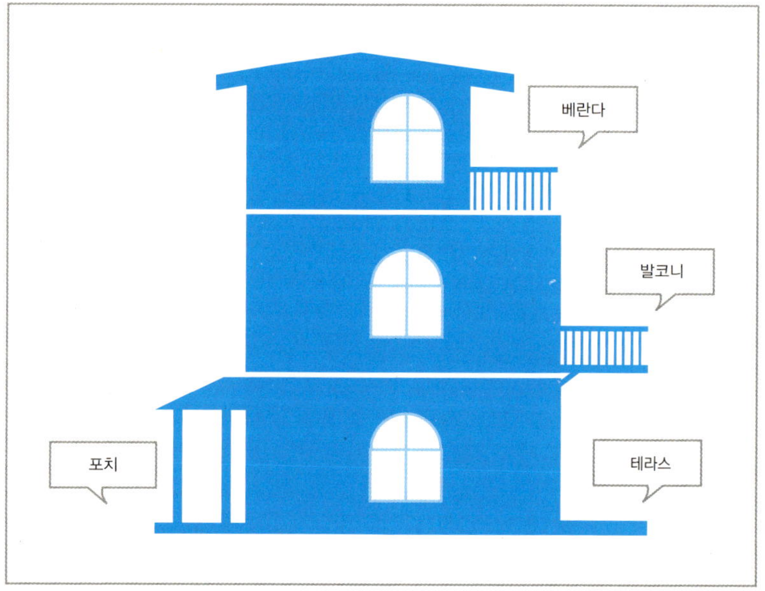

5 전세권과 임차권, 어떤 게 나을까?

수익형 부동산을 임대하는 방식에는 전세와 월세 방식이 있다.

흔히 매매가가 1억 5천만 원인 오피스텔을 임차할 때, 전세를 놓으면 1억 2천만 원이고 월세를 놓으면 보증금 1천만 원에 월세 70만 원이라고 생각한다. 혹시 전세와 월세를 이렇게 이해하고 있지 않은가? 법률적으로 따지면 1억 2천만 원의 전세는 전세가 아니다. 법률적으로는 임차권이다.

법률적으로 전세는 전세권 설정을 해야 한다. 반면 방금 이야기한 전세나 월세처럼 임대하거나 임차한 경우, 그것은 임차권으로서 전입일자와 확정일자를 받아야 한다.

전세권과 임차권에 대해서 자세히 이해하려면 주택임대차보호법에 대해서도 알아야 하고 내용도 꽤 복잡하다. 이런 경우, 나중에 임대 또는 임차하는 일이 생길 때 지인이나 전문가에게 물어보면 된다.

단, 전세권과 임차권이 다른 형태의 권리로서 임대인과 임차인에게 각각 어떤 장단점이 있는지는 이해해야 한다. 이를 알면 임대인은 임차할 때 전세권을 설정해줄지 아닐지, 임차인은 임대인에게 전세권을 설정해달라고 할지 아닐지 자신에게 유리하게 판단할 수 있다.

아래의 표는 전세권과 임차권에 대한 비교 내용으로서 참고만 하기를 바란다. 다만, 혹시라도 경매에 관심이 있다면 좀 더 자세히 기억해두기를 바란다.

전세권과 임차권 비교

구분	전세권	임차권
성질	물권	채권
객체	부동산(토지, 건물)	부동산, 동산
대항력	있다	원칙적으로 없다
양도성 (양도 가능 여부)	양도, 담보 제공, 전전세, 임대 가능	임대인 동의 없이 양도 · 전대할 수 없다
존속 기간	최장 존속 기간 : 10년	최장 존속 기간 : 20년
묵시적 갱신	건물 전세권에 가능	가능
전세금 차입	전세권에 따른다	임차권에 따른다
비용상환청구권	필요비* ×, 유익비** ○	필요비 ○, 유익비 ○
부속물매수청구권	○	○
경매권, 우선변제권	있다	없다 (단, 주택임대차보호법상 특칙이 없다)

* 필요비(必要費): 부동산을 유지·보수하는 데에 필요한 비용
** 유익비(有益費): 시설을 고쳐 건물의 가치를 높이기 위해 쓰는 비용

6

대출받아야 한다면, 이것만은 알아두자

부동산 투자를 공부하다 보면 대출과 관련해서 LTV와 DTI에 대한 용어를 자주 접하게 된다. 대출 없이 부동산에 투자하고자 한다면 굳이 몰라도 되지만, 대출을 활용하고자 한다면 기본적으로 알아야 하는 필수 지식이라고 할 수 있다. 다음에서 LTV와 DTI에 대한 개념을 확실히 이해하고 넘어가자.

1) LTV

LTV는 '주택담보대출비율Loan To Value ratio'의 약자로, 주택담보대출을 받을 때 주택 가격에서 얼마까지 융자받을 수 있는지 지표로 나타낸 것이다. 좀 더 쉽게 이야기하면 주택의 담보가치와 비교한 대출금액 비율로 주택을 담보로 하여 빌릴 수 있는 대출 가능 한도, 즉 '집값 대비 얼마를 대출받을 수 있는가?'에 대한 비율을 의미한다.

　LTV를 계산하는 식은 다음과 같다.

 LTV=(주택담보대출금액+선순위채권+임차보증금 및
최우선변제 소액임차보증금)÷담보가치

　현재 1금융권에서는 LTV가 70%까지다.

　LTV 비율에 따른 실투자금 차이에 대해 예를 들어보자. 시가 3억 원짜리 아파트에서 최대 2억 1천만 원까지 대출이 가능하다고 치자. 만일 LTV가 50%라면 매매가 3억 원 주택을 담보로 최대 1억 5천만 원까지 대출받을 수 있다. 이때 실투자금 1억 5천만 원이 필요하다. 다음으로 만일 LTV가 60%라면 3억의 60%, 즉 1억 8천만 원을 대출받을 수 있다. 이때 실투자금은 1억 2천만 원이 필요하다. 마지막으로 LTV가 70%라면 3억의 70%인 2억 1천만 원을 대출받을 수 있고, 실투자금으로 9천만 원이 필요하다.

　만약 대출받고자 하는 주택에 세입자가 있다면 해당 주택 가격 3억 원의 60%인 1억 8천만 원에서 세입자의 보증금 1억 5천만 원을 뺀 3천만 원까지만 대출 가능하다. 하지만 실제로 대출받을 수 있는 돈은 이보다 더 적은 것이 일반적이다. 또한, 금융권에서는 돈을 갚지 않아 담보로 잡은 주택을 경매로 처분하는 경우, 주택임대차보호법에 따른 세입자 우선권에 대비하여 방 1개당 소액임차보증금을 빼고 대출해준다.

2) DTI

DTI는 '총부채상환비율Debt To Income ratio'의 약자로, 주택담보대출을 받을 때 매년 갚아야 할 금액을 연간 소득의 일정 비율로 제한한 것이다. 좀 더 쉽게 이야기하면 소득수준을 보고 갚을 수 있는 능력(대출상환능력)을 평가해 대출 한도를 정하는 것이다. 즉, '매년 갚아야 할 원리금이 연소득에서 얼마나 차지하는가?'에 대한 비율을 의미한다. 정부는 DTI를 통해 은행의 무분별한 대출 관행과 채무자의 부실 부채 상환을 방지할 수 있다.

DTI를 계산하는 식은 다음과 같다.

DTI = (해당 주택담보대출 연간 원리금 상환액+기타 부채의 연간 이자 상환액)÷연소득

현재 1금융권에서는 DTI가 60%까지다.

DTI는 LTV제도를 보강하는 것으로 소득과 대출 기간에 따라 대출금이 결정되므로 DTI 규제 아래서는 연봉이 높아야 대출 가능 금액이 커진다. 따라서 DTI가 낮을수록 대출 가능한 금액이 줄어든다. 단, 대출금액이 1억 원을 넘지 않으면 DTI가 적용되지 않는다.

DTI 비율에 따른 대출금액의 차이를 예로 들어보자. 연소득이 3천만 원이라고 치자. 먼저 DTI가 50%라면, 연간 원리금 상한 금액이 1,500만 원을 넘지 않는 범위 내에서 대출받을 수 있다. 반면, DTI가 60%라면 연간 원리금 상환 금액이 1,800만 원을 넘지 않는 범위 내에서 대출이 가능하다.

이때 상환 기간이 길수록 연간 상환 금액을 줄어든다. 따라서 상환 기간에 따라 대출 가능 금액을 조절할 수 있다.

7

주택임대사업자가 되는 법

주택임대사업자란 국가, 지방자치단체, 한국토지주택공사, 지방공사나 주택임대사업을 하기 위해 등록한 사람 또는 임대주택조합을 말한다. 주택임대사업자는 절세를 위한 방법으로 많은 전문가들이 권장하고 있는데, 주택임대사업자의 등록 절차와 혜택 등을 알아두면 좋다.

주택임대사업자 등록 절차는 아래와 같다.

① 시·군·구에 임대사업자 등록하기

임대주택 취득일 이전에 거주지 관할 시·군·구청 주택과에 임대사업자로 등록한다.

예를 들어 노원구에 사는 사람이 도봉구에 있는 주택을 임대하려고 하면 도봉구청의 주택과에 가서 임대사업자 등록을 해

야 하는 것이다. 특히 취득세 감면 혜택을 받으려면 취득일(대개
는 잔금일) 이전에 등록하는 것이 좋다.

제출 서류로 먼저 임대사업자 등록신청서가 있는데, 보통 시·
군·구청에 비치되어 있다. 그다음, 개인인 경우 주민등록증 사본,
법인인 경우 법인등기부 등본과 임대주택의 등기부등본 또는 매입
에 관한 계약서(분양계약서 포함) 사본, 건축허가서 사본, 주택건
설에 관한 사업계획승인서 사본이 필요하다.

② 임대차 계약서 준비

주택임대사업자로 등록하기 위해서는 표준임대차계약서를
작성해야 하는데, 부동산에서 사용하는 계약서와는 별개로 표
준임대차계약서를 꼭 작성해야 한다. 따라서 공인중개사사무
소에서 임대차 계약서를 작성하기 전에 주택임대사업자 등록을
한다고 말하고, 표준임대차계약서 작성을 부탁하면 된다.

③ 임대 조건 등 신고

임대사업자는 임대차 계약 기간, 임대보증금, 임대료, 해당 임대
주택을 매입하는 데 쓴 대출금 등 임대 조건에 관한 사항을 임대차
계약 체결일부터 3개월 이내에 임대주택 소재지의 시·군·구청에
신고해야 한다. 위반하면 1천만 원 이하의 과태료가 부과되니 조심
해야 한다. 예를 들어 오피스텔을 임대하여 임대사업자로 등록하는
경우, 오피스텔의 임대 조건을 신고한 날부터 1년이 되는 날, 그달
말일까지 매년 임차인 현황을 시·군·구청에 신고해야 한다.

④ 세무서에 사업자 등록

위 단계를 거친 후 세무서에서 임대사업자 등록을 한다.

⑤ 취득세 감면 신청

임대사업자로 등록하는 목적은 바로 절세를 하기 위해서다. 그러므로 빼먹지 말고 임대주택이 소재한 관할 시·군·구청에 가서 취득일로부터 60일 이내에 지방세 감면신청서, 주택임대사업자 등록증을 제출해야 한다.

⑥ 부동산 거래 신고하기

임대주택을 매매로 취득했을 경우 부동산 거래 당사자는 거래계약의 체결일부터 60일 이내에 부동산 소재지 관할 시·군·구청에 공동으로 이를 신고해야 한다. 이 경우에도 위반하면 500만 원 이하의 과태료가 부과된다.

⑦ 주택임대 신고하기

마지막으로 임대 개시 3개월 이내에 세무서 재산과에 임대 신고를 해야 하는데, 이때 표준임대차계약서 사본, 임차인 주민등록등본, 임대사업자 등록증 사본을 제출해야 한다.

또한, 임대사업자는 사업 개시일, 즉 세입자가 거주한 날로부터 20일 이내에 세무서에 이를 등록해야 한다. 이를 통해 나중에 양도세를 감면받을 수 있다.

한편, 정부에서는 급등하는 전세 및 월세 가격을 안정시키고자 민간에서 자율적으로 임대물건이 공급될 수 있도록 임대사업자 등록 요건을 완화하였다.

ㅣ임대사업자 등록 요건ㅣ 수도권과 지방을 불문하고 1가구 이상, 최소 임대 기간 5년이면 된다. 즉, 매입임대사업의 요건이 3호에서 1호 이상 임대하는 경우로 완화되어 지역에 관계없이 1가구 이상이면 임대사업이 가능하다.

ㅣ임대사업용 주택 요건ㅣ 임대사업자 등록 시 주택기준시가 수도권 6억 원 이하, 지방 3억 원 이하인 주택으로 전용면적 149㎡(45평) 이하여야 한다. 또한, 주거용 오피스텔도 임대주택용 주택으로 인정해준다.

주택임대사업자로 등록하면 각종 세제 혜택을 받을 수 있는데, 절세를 위해서 주택임대사업자로 가급적 등록하는 것을 권한다. 이를 통해 얻을 수 있는 세제상 혜택은 다음과 같다.

① 주택 양도 시 비과세 적용 가능

임대주택사업자가 거주하고 있는 주택을 양도할 때 1세대 1주택으로 비과세가 가능하다. 즉, 임대주택을 포함해서 여러 주택을 갖고 있더라도 본인이 거주하는 주택을 양도할 때는 9억 원에 한하여 비과세가 적용된다. 단, 거주 주택은 임대사업등록 개시일로부터 2년 이상 거주하고 3년 이상 보유해야 한다. 또, 임대사업용 주택을 5년 이내에 팔면 비과세 적용받았던 만큼 양도소득세에 다시 과세되니 유의해야 한다.

② 취득세, 등록세, 재산세의 감면

취득세와 등록세인 경우 건축주로부터 최초로 분양받은 전용면적 60㎡ 이하 공동주택이면 100% 감면받을 수 있다. 그 외에는 면적에 따라 일부 감면이 적용된다.

③ 종합부동산세 합산 과세 대상에서 배제

임대사업자는 매년 9~10월 종합부동산세 배제 신청 기간에 관할 세무서에 문의하여 종합부동산세 합산 과세 배제 신청을 할 수 있다.

수익형 부동산,
그것이 궁금하다

1

수익형 부동산이란 무엇일까?

2008년 말 세계 금융위기 이후부터 '수익형 부동산'이라는 용어가 부동산 시장에서 일반적으로 쓰이기 시작했다. 그러나 수익형 부동산이라는 말은 명확하게 정의된 말은 아니다. 그저 부동산 투자자들 사이에서 굳어진 말로, 꾸준한 수익이 기대되는 부동산으로 이해하면 된다. 수익형 부동산은 대개 주거용 수익형 부동산, 상업·업무용 수익형 부동산, 토지용 수익형 부동산, 숙박용 부동산 등으로 나뉜다.

각각의 특징을 살펴보면 다음과 같다.

먼저, 주거용 수익형 부동산은 말 그대로 사람이 거주하는 시설에 투자하는 것이다. 주로 월세 소득을 얻기 위해 투자하며, 다가구·다세대주택, 오피스텔, 도시형 생활주택뿐만 아니라, 점포 겸용 단독주택, 부분임대아파트, 그리고 최근 유행하는 셰어하우스

share house 등이 있다. 적은 금액으로 부담 없이 월세 소득을 얻을 수 있다는 점에서 가장 인기를 끄는 수익형 부동산 유형이다.

그다음, 상업·업무용 수익형 부동산은 상업 시설과 업무 시설로 주로 쓰이는 부동산을 말한다. 이곳에서도 임대 수익을 얻을 수 있다. 상업용의 경우 앞서 말했듯 상가를 의미한다. 업무용은 업무용 오피스와 물류창고 그리고 지식산업센터 등이 있다. 종류에 따라 초기 자금의 규모가 달라지는데, 상가나 물류창고의 경우 어떤 곳이냐에 따라 초기 자금이 많이 들어간다. 반면, 업무용 오피스와 지식산업센터는 적은 돈으로도 충분히 투자할 수 있다.

토지용 수익형 부동산은 말 그대로 땅을 이용한 부동산 투자를 말한다. 토지로 어떻게 임대 수익을 얻을 수 있냐 의아할 수도 있지만, 토지를 임대하거나 주차장, 캠핑장 등으로 활용하면 충분히 가능하다. 토지라는 점에서 건축비 부담도 적은 편이다. 부동산 투자자 사이에서는 가장 활발히 개발될 것으로 예상하는 수익형 부동산이다.

마지막으로, 숙박용 수익형 부동산은 게스트하우스, 레지던스, 펜션, 모텔뿐만 아니라 분양형 호텔이 포함돼 있다. 현재 숙박용 부동산의 경우 외국인 관광객이 증가하고 내국인의 레저 열풍이 불면서 상품이 다양해지고 있다. 또, 비즈니스 관련 용도로도 숙박용 부동산을 찾는 편이다. 다만, 주의해야 할 점은 경기가 좋냐 나쁘냐에 따라 수익의 차이가 발생한다는 점이다. 계절 또한 무시할 수 없다. 그리고 입지와 다른 요소로도 수익에 영향을 받는다. 발전 가능성이 무궁무진하지만, 위험성도 많은 부동산이라고 할 수 있다.

수익형 부동산을 한마디로 요약하자면 '갖고 있는 부동산을 임대하여 일정하고 안정적인 수익을 만들어내는 것'이라고 할 수 있다. 어떤 부동산이든 임대 수익을 만들어낼 수 있으면 수익형 부동산이 될 수 있다.

2

수익형 부동산,
과연 안전할까?

투자와 관련된 말 중에서 진리처럼 받아들여지는 것이 '하이 리스크, 하이 리턴high risk, high return'이다. 이 말은 위험이 클수록 수익 또한 크다는 의미로서, 말을 바꿔서 위험이 적을수록 수익은 적다라는 의미로도 해석할 수 있다.

수익형 부동산 투자의 경우, 어떤 부동산을 선택하느냐에 따라 안전할 수도 있고 안전하지 않을 수도 있다. 우선 수익형 부동산 유형을 통해 투자의 안전성을 살펴보자.

안전한 물건으로는 오피스텔과 도시형 생활주택이 가장 대표적이다. 투자해야 할 금액이 적고, 수요가 많은 곳에 위치했기 때문이다. 따라서 수익형 부동산에 관심을 갖고 있는 사람들이라면 가장 쉽게 투자할 수 있다. 때문에 경쟁이 치열한 편이다. 경매를 통해서 투자하는 경우에는 좀 더 높은 수익을 기대할 수 있지만, 위치가 좋고 이름값이 있는 경우에는 수익률이 10%를 넘는 경우가 드물다.

반면, 상가는 어느 정도 위험성이 있는 수익형 부동산이다. 기본적으로 상가의 월 임대 수익은 오피스텔이나 도시형 생활 주택과 비교할 때 상당히 높다. 하지만 항상 공실의 위험이 존재한다. 또한, 경기가 하락하면 상권이 침체되고, 이로 인해 공실 상태가 한동안 이어질 수 있다. 오피스텔과 상가가 함께 있는 건물에 투자할 때도 오피스텔보다 상가 쪽이 훨씬 어렵다.

다음으로 수익형 부동산의 입지를 가지고 투자의 안전성을 살펴보자. 부동산 투자에서는 첫째도 입지, 둘째도 입지, 셋째도 입지라는 말이 있다. 결국 좋은 입지에 자리한 부동산이라면 투자 안전성은 거의 100% 확보된다고 해도 지나친 말이 아닐 것이다.

입지 측면에서 가장 안전성이 좋은 곳은 역세권이다. 역세권은 지하철역을 중심으로 한 500미터 반경 내외를 뜻한다. 역세권에 위치한다는 것은 기본적으로 인근의 수요가 풍부하고 교통이 편리하다는 전제가 포함되어 있다. 역세권 중에서도 초역세권에 위치한 수익형 부동산이 좀 더 안전할 것이고, 9호선, 2호선, 신분당선 역세권에 위치할 경우 더 안전할 것이다. 하지만 이러한 지역에 있는 부동산은 누구나 선호하기 때문에 아무래도 가격이 비싼 편이다. 또한, 수익도 오히려 조금 낮을 수 있다.

그렇다고 해서 역세권이 아닌 부동산을 선택하자니 안정성에 의문이 들 수밖에 없다. 이 경우에는 인근의 수요가 풍부한

지 따져보는 것이 중요하다. 당연히 가격은 역세권에 비해 저렴하겠지만 인근의 수요가 풍부하지 않으면 세입자를 확보하기 어려울 수 있다. 오피스텔이나 도시형 생활주택의 경우에도 공실 상태가 장기간 이어질 수 있다.

수익형 부동산 투자에서 안전성과 수익성은 동전의 양면과 같다. 안전한 수익형 부동산을 찾는 것은 쉽지만 그만큼 투자금이 많이 들어간다. 따라서 투자금 대비 수익은 상대적으로 낮을 수밖에 없다. 안전성이 낮은 수익형 부동산의 경우도 투자금 대비 상대적으로 높은 수익을 기대할 수 있으나, 공실로 인한 위험성이 항상 존재한다.

결국 어떤 수익형 부동산을 투자하는가는 투자자가 투자 목적과 현재 상황을 합리적으로 고려하여 결정해야 할 부분이다. 투자자에 따라 누군가에게 좋은 물건이 본인에게는 좋지 않은 물건이 될 수 있으며, 누군가에게 나쁜 물건이 본인에게는 좋은 물건이 될 수 있기 때문이다.

3

수익형 부동산과
갭투자의 차이

수익형 부동산에 대한 개념은 앞에서 설명한 것으로 어느 정도 이해했을 것이다. 그런데 수익형 부동산을 이야기할 때 최근에 함께 나오는 용어가 갭투자다. 갭투자란 갭gap, 즉 차이를 이용한 투자 방식으로 주택 매매가격과 전세금액 차이가 적은 집을 전세를 끼고 사는 투자 방식을 말한다. 시세차익형 투자의 하나로 볼 수 있다.

시세차익형 투자는 시세보다 저렴하게 부동산을 구입하거나 가치가 올라갈 것으로 기대되는 부동산에 투자한 후 일정 기간 보유하였다가 매각하여 높은 수익을 얻는 투자 방식을 말한다. 일반적으로 아파트나 다세대주택에 이뤄지는 시세차익형 투자는 1~3년 정도의 단기 투자 방식이 많이 사용된다. 반면, 시세차익형 토지 투자는 5년 이상의 중장기 투자 방식이 주로 사용된다.

시세차익형 투자의 장점은 소액으로 투자할 수 있다는 점이다. 시세차익형 투자는 부동산 시장 상승기에 많이 사용되며, 전세가가 높은 아파트나 다세대주택의 경우에는 큰 손해를 보지 않고 투자할 수 있다. 그러나 부동산 시장의 변동에 따라 향후 환금성에 관련하여 문제가 발생할 수 있다. 또한, 공실이 발생했을 때 대출이자 상환에 대한 부담이 증가한다는 단점이 있다.

갭투자와 수익형 투자 비교

구분	갭투자	수익형 투자 (대출 있음)	수익형 투자 (대출 없음)
개념	전세를 끼고 아파트를 매수하여 투자하는 방식	담보대출을 끼고 아파트를 매수하여 투자하는 방식	대출이나 전세 없이 매수 자금을 100% 자기자본으로 투자하는 방식
자기자본 비율	양호 : 매매금액의 10% 이내 보통 : 매매금액의 20% 이내	양호 : 매매금액의 30~40% 보통 : 매매금액의 50~60%	매매금액의 100%
적정 실투자금액	5천만 원 이하	1억~1억 5천만 원 이하	2~3억 원
임차 형태	전세	전세 또는 보증금/월세	보증금/월세
투자 접근	저평가된 지역의 타이밍 투자	좋은 입지 투자	좋은 입지 투자
투자자 입장의 위험도	투자 위험 조금 있음 (깡통전세로 경매 진행 시 투자금만 날림)	투자 위험 다소 있음 (시장 침체 시 대출이자 및 상환부담 큼)	투자 위험 없음 (가격이 다시 오를 때까지 버틸 수 있음)
주력 투자 대상	입지가 괜찮은 중소형 평형	역세권 소형	역세권 소형
투자 시기	부동산 시장 상승 진입기	부동산 시장 하락 및 침체기	상관없으나 싸게 사는 것이 중요함
투자 접근	시세차익형 투자 100%	시세차익형 투자 성향 : 40~50% 수익형 투자 성향 : 50~60%	시세차익형 투자 성향 : 10~20% 수익형 투자 성향 : 80~90%

갭투자는 아래의 표와 같이 특징이 뚜렷하며, 각각의 특징이 상반되는 경향이 있다. 실제로 갭투자와 수익형 투자는 부동산 투자 상품의 대체제 성격이 강하다. 앞에서 살펴본 것처럼 인기 있는 투자 시기가 다르기 때문이다.

그런데 갭투자를 하는 사람들은 수익형 투자를 부정적으로 보는 견해가 많고 수익형 투자를 선호하는 사람들은 갭투자에 큰 관심이 없다. 지금까지 수백 건의 상담을 통해 내린 결론은 사람들의 성향 때문이다.

기본적으로 공격적 투자를 선호하는 사람은 갭투자를 선호한다. 반면 보수적인 투자자는 수익형 투자를 선호한다. 그렇기 때문에 어떤 투자가 더 좋고 더 나쁜지 평가하는 것은 잘못됐다. 그래서 상담할 때 투자 목적이 무엇인지 정확히 물어보고 그에 맞게 진단해주는 편이다.

이제는 다른 사람들을 따라서 하는 투자는 실패하기 쉽다. 자신의 상황을 객관적으로 판단하고 투자 목적을 이룰 수 있는 것을 선택하는 자세가 필요하다. '지피지기 백전불태知彼知己 白氈不殆'라는 고사성어가 괜히 있는 말이 아닐 것이다.

오피스텔은 뭐고, 도시형 생활주택은 뭐지? 4

수익형 부동산의 대표 유형인 오피스텔과 도시형 생활주택에는 어떤 차이가 있을까? 용어는 다른데 실제 가서 보면 초보자들은 큰 차이를 느끼지 못한다.

여기서는 도시형 생활주택과 오피스텔의 차이를 좀 더 자세하게 비교해봤다. 도시형 생활주택이란 〈국토의 계획 및 이용에 관한 법률〉에 따라 지어진 주택으로, 도시지역에 주택건설사업계획승인을 받아 지은 2세대 이상 300세대 미만의 공동주택이다.

최근 1~2인 가구가 증가하면서, 이를 반영하듯 2009년 5월부터 도시형 생활주택이 도입되었다. 도시형 생활주택은 기존 원룸에 비해 규모가 크고 내부 시설도 개선되었다. 아무래도 도시 지역에 있기 때문에 대중교통을 자주 이용하는 사람들에게 유리한 편이다.

도시형 생활주택은 다음과 같이 3가지 유형으로 구분한다.

도시형 생활주택의 유형

구분	내용		
주택법 제2조	300세대 미만의 국민주택규모(전용 85㎡ 이하)에 해당하는 주택		
시행령 제3조	국토의 계획 및 이용에 관한 법률에 따른 도시지역에 건설하는 다음 각호의 주택 – 건축법시행령 별표1에 의거 건축법상 공동주택(아파트, 연립주택, 다세대주택)		
	단지형 연립주택	단지형 다세대	원룸형
	• 1개동 바닥 면적이 660㎡를 초과하고, 층수가 4개 층 이하며 원룸형 주택을 제외한 주택	• 1개동 바닥 면적이 660㎡ 이하고, 층수가 4개 층 이하며 원룸형 주택을 제외한 주택	• 건축법상 공동주택(아파트, 연립, 다세대)에 해당하는 주택으로서, – 세대별 독립 주거(욕실, 부엌 설치) – 욕실(보일러실)을 제외한 하나의 공간으로 구성, 전용면적 30㎡ 이상 시 2개의 공간으로 구성 – 세대별 전용면적 14 ~50㎡ 이하 – 지하층에 설치 불가
	• 건축위원회 심의 시 주택으로 쓰이는 층수가 5층까지 완화됨.		

오피스텔은 오피스office와 호텔hotel의 합성어로 이론적으로는 사무실과 호텔을 겸한 복합빌딩을 말한다. 그러나 실제로는 사무실과 주거용으로 쓰이는 건물로 인식된다. 또한, 오피스텔은 사용자마다 용도가 달라지는 혼합형 상품이다. 즉, 낮에는 업무를 보고 저녁에는 개별 빙에서 숙식할 수 있는 공간으로 설계된 건물이다.

따라서 이용자가 출퇴근할 필요가 없고 하루의 일과나 생활을 한 공간 내에서 처리할 수 있다. 이로 인해 전문직 종사자나 젊은 직장인이 많이 이용하며, 최근에는 대학가 주변에서도 대학생들에게 인기가 많다.

오피스텔은 건축법 제2조와 시행령에 의해서 업무 시설군에 속한다. 특이한 점은 주택 외에 오피스텔을 갖고 있더라도 1가구 2주택에 해당하지 않는다는 점이다. 오피스텔이 업무공간 반, 주거공간 반으로 구성된 건축물이기 때문이다.

오피스텔은 건축물 분양에 관한 법률에 따라 업무용으로 사용하면 업무시설 기준으로 세금을 내게 된다. 반면, 주거용으로 오피스텔을 쓸 경우 종합부동산세를 낼 수 있다. 그리고 오피스텔 외에 다른 주택을 갖고 있으면, 다주택자로 인정되어 주택을 팔 때 양도소득세가 중복 부과될 수 있다. 그러면 오피스텔을 주거용, 업무용으로 어떻게 구분하는지 궁금할 것이다. 이에 관해서는 거주자가 전입을 했는지 여부와 오피스텔 내부 구조, 그리고 취사 시설 등 거주할 만한 시설을 갖췄는지 여부 등을 종합하여 판단한다. 공부公簿상 용도 구분이나 사업자 등록 여부는 큰 관계가 없다.

도시형 생활주택과 오피스텔의 개발 관련 내용 비교

구분	도시형 생활주택	오피스텔
유형	공동주택	주거용(임대사업 시), 업무시설
용도지역	3종 일반주거지역, 준주거지역	준주거지역, 일반상업지역
발코니 공간	있음	없음
전용률	70~80%	50~60%
분양면적 산정기준	공급면적	산정기준 없음
1실당 주차장	0.5대 미만	대체로 1대
관련 법률	주택공급에 관한 규칙	건축물의 분양에 관한 법률
임대사업 등록	임대사업자 등록 가능	임대사업자 등록 가능

출처 : 국민은행

도시형 생활주택과 오피스텔의 관련 세금 비교

구분	관련 세금	오피스텔			도시형 생활주택	
		부동산임대 사업자등록	주택임대 사업자등록	미등록 시	주택임대 사업자등록	미등록 시
취득 시	부가세	건물분의 10% 환급	환급 불가	환급 불가	환급 불가	환급 불가
	취득세	4.6%	60㎡ 이하 감면	4.6%	60㎡ 이하 감면	2.2%
보유 시	재산세	과세 표준액의 0.25%	40㎡ 이하 감면	과세 표준액의 0.25%	40㎡ 이하 감면	과세
	종합 부동산세	비과세	합산 배제	비과세	합산 배제	과세
양도 시	양도 소득세	과세	중과 배제	과세	중과 배제	과세
매매여건		매매 가능	5년 이내 불가	매매 가능	5년 이내 불가	매매 가능

출처 : 기획재정부

아파트와 오피스텔의 가격은 어떻게 계산할까? 5

아파트와 오피스텔은 기본적으로 태생이 다르다. 그중에서도 아파트는 주택법, 오피스텔은 건축법의 적용을 받기 때문에 공급되는 가격의 기준에 차이가 있다.

아파트와 오피스텔 비교

구분	아파트	오피스텔
적용법	주택법	건축법(준주택으로 분류)
분양시기	착공 때	착공 때
청약방식	인터넷 청약	현장접수(인터넷도 가능)
주택 형태 표기 방식	주거전용면적을 제곱미터(m^2)로 표시	기준 없음
전용률	75% 이상	50~70%

간단한 예를 들어 설명하겠다.

어떤 지역에 시세가 2억 원인 21평형(전용 15평형) 아파트와 시세가 1억 5천만 원인 21평형(전용 11평형) 오피스텔이 있다고 치자. 금액만 놓고 보면 오피스텔이 저렴하다. 2000년대 중반에는 이러한 방식으로 분양 마케팅이 진행되었다.

그런데 요즘 부동산 재테크를 하는 사람들은 공부를 많이 했기 때문에 어설픈 눈속임에 속지 않는다. 따라서 이런 마케팅이 더 이상 통하지 않는다. 투자자라면 아파트와 오피스텔을 놓고 가격만 보지 않고 투자할지 말지 정확히 판단할 수 있어야 한다.

앞에서 언급한 아파트 시세를 전용면적 기준으로 계산해보면 평당 1,330만 원 수준이다. 오피스텔도 시세를 전용면적 기준으로 계산해보면 평당 1,360만 원이다. 오히려 오피스텔이 더 비싸다. 사실 이 같은 경우는 극단적인 비교라서 실제 상품에서는 이러한 경우는 찾아보기 어렵다. 단지 전용면적으로 구분해야 정확한 시세를 알 수 있다는 것을 설명하기 위해서 덧붙였다.

주거용 부동산의 경우 항상 아파트 가격이 가장 우선시되고 그것을 기준으로 주변 오피스텔이나 다세대주택의 가격이 산정된다. 이때 전용면적으로 비교하는 습관을 가지면 가격 시세를 보다 정확하게 판단하는 능력을 키울 수 있다.

상가 투자

　상가 투자의 경우, 매력적이지만 초기에 자금이 많이 든다. 일정한 임대 수익을 기대할 수 있지만, 초기에 많은 돈이 투자금으로 들어가는 것이다. 또, 입지별로 다른 특성을 갖고 있고, 동일 지역이라도 어떤 것을 판매하느냐에 따라 차이가 난다. 즉, 상가 투자는 투자자에게 있어 아주 흥미로운 곳이 틀림없지만, 확실한 투자 전략이 뒷받침될 때 성공할 수 있다.

　상가에는 근린상가, 아파트단지상가, 주상복합상가, 대규모 판매 시설, 그리고 중심상가 등이 있다. 입지는 물론 어떤 소비자가 찾아오느냐에 따라 투자의 판도가 달라진다는 점을 유의하자.

1) 근린상가

　근린상가란, 주거지역 인근에 있는 상가를 말한다. 이곳에는 소매점, 학원, 병원, 식당 등이 자리하며 건축법상 제1종과 제2종 및 일부 판매 시설로 구분된다. 보통 근린상가는 소규모로 분양이 이뤄진다. 33~45㎡ 정도가 대부분이다. 때문에 몇천만 원부터 투자할 수 있는 곳도 꽤 있다. 때문에 상가 투자를 원하는 사람이라면, 근린상가를 선호하는 편이다.

　물론, 근린상가에도 주의해야 할 점이 있다. 먼저 근린상가들이 흔하고 지역마다 어느 정도 자리를 잡아가고 있기 때문에 인근 상권과 경쟁할 만한지 판단해야 한다. 즉, 인근 상권과의 경쟁에서 뒤처질 것 같다면 투자를 심각하게 고려해봐야 한다. 인근의 세대수 대비 상가 면적, 교통량 등을 따져보는 자세가 필요하다.

2) 아파트단지상가

　아파트단지상가란 말 그대로 아파트단지 안에 있는 상가로서 주요 소비자는 그 아파트의 주민이다. 아파트단지상가는 소액으로 투자할 수 있다는 이유로 인기를 끌고 있다. 1천 세대 이상의 아파트단지가 투자하기에 좋다. 이보다 규모가 크다고 해서 사람들이 몰리지는 않는다. 중년층은 대형마트나 백화점에서, 청년층은 다른 큰 상권에서 물건을 사기 때문이다.

　다만, 주의해야 할 점은 아파트 주변에 다른 상권이 형성되면, 아파트 주민들이 그곳으로 옮겨간다는 점이다. 따라서 아파트단지상가는 보통 미용실, 부동산, 세탁소 같은, 사람들이 집에서 가까운 곳으로 즐겨 찾는 업종만이 살아남는다. 주변 상권에 따라 언제든 수요가 이동한다는 점을 유의하고 투자하는 자세가 필요하다.

3) 주상복합상가

　주상복합상가란 주상복합아파트를 보면 알 수 있듯, 아파트 아래층에 위치한 상가를 말한다. 다른 이유가 아니라 건축법상 아파트 전체 면적의 10~30% 정도로 상가를 지어야 한다는 규정이 있다고 한다.

　주상복합상가는 얼핏 보면 매력적인 것 같지만, 주거 위주의 건물에 들어선 상가라 업종에 제약이 있는 편이다. 또, 전용면적이 적고 분양가도 높아 사람들이 밀집해서 사는 곳이 아니라면 그리 투자할 만한 곳은 아니다. 신중한 자세가 필요한 상가라고 할 수 있다.

4) 쇼핑몰

　쇼핑몰 투자란 대형 상가나 쇼핑몰에 하나의 점포로서 들어가는 경우를 말한다. 쇼핑몰은 점포를 분양받은 점포주들이 함께 운영하는 곳으로서 주로 역세권이나 사람들이 자주 찾는 상업지역에 자리해 있다. 쇼핑몰 투자의 성공 요소를 한마디로 요약하자면 '청년층'이다. 쇼핑몰은 젊은 세대를 위주로 영업하기 때문에 젊은 사람들이 쉽게 찾아올 수 있는지, 다양한 물건을 판매하는지를 살펴봐야 한다.

7

입지냐,
타이밍이냐

갭투자가 유행하면서 부동산 투자는 타이밍이라는 말이 진리처럼 받아들여지고 있다. 몇몇 부동산 고수라고 하는 사람들은 주저 없이 타이밍이 먼저라고 말하기도 한다. 타이밍이 먼저라는 답에 나는 이렇게 물어본 적이 있다. "부동산이 타이밍이라면 아무거나 다 구입하면 되나요?" 하지만 돌아오는 답은 "아니요"였다. 그러면서 아무리 부동산이 타이밍이라 해도 어느 정도 입지는 생각해야 한다고 답했다.

그렇다. 부동산은 당연히 타이밍보다 입지가 우선이다. 이 말은 부동산 투자에 있어서는 진리와도 같다. 부동산에서의 타이밍이란 어느 정도 입지가 좋은 부동산인 경우에 해당한다. 즉, 괜찮은 부동산의 가격이 바닥을 칠 때 투자하는 것이 좋다는 의미다. 실제 2013년 중반에서 2014년 말까지 아파트 갭투자를 했던 사람들은 투자 타이밍이 좋아서 상당한 시세차익을 거뒀다. 그래서 부동산은 타이밍이라는 말을 무용담처럼 하는 것이다.

그렇다면 수익형 부동산은 어떨까? 마찬가지로 수익형 부동산도 입지가 우선이다. 그 입지라는 것은 역세권이 기본이 될 것이고, 인근의 수요가 많은 곳을 찾아야 한다. 그다음이 타이밍이다.

수익형 부동산 투자의 타이밍은 언제일까? 결론을 말하자면 부동산 시장의 가격이 상승기에서 하락기로 접어들었을 때다. 2008년 말 세계 금융 위기 때 아파트 가격이 2012년까지 지속적으로 하락하면서 아파트의 인기가 시들해졌다. 이 시기에 도시형 생활주택이 연금형 상품이라는 마케팅 용어로 오피스텔과 함께 수익형 부동산 시장을 주도했다.

부동산 시장은 이러한 학습 효과를 기억하고 있다. 따라서 문재인 정부의 강력한 부동산 정책으로 현재 절정에 가까운 아파트 가격이 떨어지기 시작하면 비로소 수익형 부동산 투자의 타이밍인 것이다. 현재 정확하지는 않지만 2018년 이후 아파트 시장이 시세 변동이 없거나 하락한다고 보는 전문가가 많다. 이 말을 수익형 부동산 관점에서 해석하면 2018년이 되면 본격적인 수익형 부동산 투자 시기가 온다고 이해하면 될 것이다.

8

어떻게 투자하느냐에 따라 성패가 갈린다

수익형 부동산의 장점은 안정적인 월 수익을 확보할 수 있다는 것이다. 따라서 수익이 없는 은퇴한 50대 이상 계층에서 매월 연금처럼 생활비로 쓰기 위해 수익형 부동산을 선호한다.

물론 수익형 부동산도 단점이 존재한다. 수익형 부동산으로 매월 연금처럼 수익을 얻기 위해서는 가급적 대출을 받지 않거나 적은 금액만 대출받는 것이 좋다. 따라서 일정 규모 이상의 투자금이 필요하다. 또, 특정 세대에서 인기가 많은 상품이기 때문에, 시세차익으로 수익을 얻는 시세차익형 부동산과 비교하면 환금성이 조금 떨어진다.

즉, 월 수익도 안정적이면서 환금성도 좋은 물건이 좋은 수익형 부동산이라고 할 수 있다. 좋은 수익형 부동산 물건을 찾는 법과 투자 전략에 대해서는 뒤에서 자세히 설명하겠다.

한편, 세대별로 수익형 부동산을 대하는 자세가 다르다.

20대의 경우 수익형 부동산 투자를 하기에는 쉽지 않다. 사회구조상 20대 후반이 되어서야 취직하게 되고, 그때에는 부동산 재테크에 아직 관심이 없다. 보증금이 부담되어서 독립하는 경우, 보증금 500만 원이나 1천만 원에 월세가 30만 원에서 50만 원인 집에 사는 편이다. 따라서 20대는 수익형 부동산에서 임차 위주 계층이라고 할 수 있다.

30대도 20대처럼 임차 위주의 성격이 강한 세대다. 미혼인 경우에는 더욱더 그렇다. 반면, 결혼한 경우에는 자가 주택으로 주로 아파트를 구매하고, 자금 능력이 어느 정도 되면 아파트에 전세로 들어가는 경우가 많다. 따라서 결혼하고 오피스텔이나 도시형 생활주택 등에 임차로 들어가는 경우는 자금 여건이 좋지 않은 것으로 해석할 수 있다. 이러한 임차 위주 계층은 단기간 내에 이사하기가 힘들기 때문에 한번 임차해서 들어오면 최소 4~5년 거주하는 편이다.

40대는 부동산 재테크에 본격적으로 눈을 뜨는 세대다. 40대는 크게 재테크에 적극적인 계층과 큰 관심이 없는 계층으로 나눌 수 있다. 재테크에 적극적인 계층은 주로 40대 초반의 여성들로, 첫 투자를 아파트로 시작하는 것이 일반적이다. 부동산 투자에 있어 초보기 때문에 단기간 내에 큰 수익을 얻기를 바란다. 이런 계층에게 수익형 부동산은 큰 관심의 대상이 아니다.

반면, 재테크에 큰 관심이 없는 계층은 40대 중반까지도 자가 주택 외에는 부동산 투자를 해본 적이 없다. 따라서 잘 알지도 못하고, 어떻게 해야 할지도 모른다. 그래도 마음은 불안하기 때문에, 모아놓은 돈으로 생활비를 보탤 수 있는 수익형 부동산에 관심을 갖게 된다. 40대 후반 사람 중에 상담받는 경우는 대부분 이런 예다. 부동산을 전혀 모르기 때문에 수익률에 대한 개념이 없다. 그냥 한 달에 일정 금액 이상 꼬박꼬박 들어오는 상품이면 만족한다. 또한, 매각에 대해서도 크게 생각하지 않는다. 우선 매달 월세가 들어오는 것이 더욱더 중요하다고 생각하기 때문이다.

50대 이상은 부동산 재테크를 가장 많이 하는 세대다. 50대는 은퇴가 맞물려 생활비를 안정적으로 확보하는 것이 고민이다. 그래서 수익형 부동산에 대해 관심이 많다. 다양한 상품을 살펴보고 수익률도 높고 안전한 상품을 찾는다. 상담받는 사람들 대부분은 50대 이상이고, 부동산 지식도 상당하다. 50대 이상이 찾는 수익형 부동산은 소액에서부터 고액까지 다양하다. 여기에 크게 2가지 유형이 있다. 첫 번째 유형은 자신이 잘 알고 있는 지역만 투자한다. 잘 모르는 지역에는 절대 투자하지 않으며, 주로 남성에게서 나타나는 유형이다. 두 번째 유형은 어느 정도 물건에 대해 확신을 가진 상태에서 전문가에게 확답을 듣고 투자한다. 의외로 공격적인 성향이 강하며 여성에게서 나타나는 유형이다.

부동산 재테크는 대한민국 사람이라면 누구나 관심을 가지고 있다. 돈이 없어서 못할 뿐이지, 부동산 재테크를 싫어하는 사람은 10명 중에 한두 명 정도밖에 되지 않는다. 부동산 투자는 누가 더 많이 알고 있느냐, 누가 더 좋은 정보를 빨리 알고 선점하느냐가 핵심이다.

　이러한 맥락에서 연령별에 따른 투자 성향을 생각한다면 수요를 찾을 때 도움이 될 것이다. 또, 투자하고자 하는 상품을 나중에 매각할 때 누구를 표적으로 하면 좋을지도 찾을 수 있을 것이다.

72법칙과 100법칙

72법칙이란 복리를 이용해 실투자금이 2배가 되는 데 걸리는 시간을 개략적으로 구하는 공식이다. 수익형 부동산에 투자하는 경우에는 72법칙을 이해하고 투자 계획을 세우면 상당한 도움이 된다.

최근 수익형 부동산 상품을 판매할 때 72법칙을 활용하여 마케팅하는 경우가 종종 있다. 72법칙은 매우 간단하다. '72÷연간 투자 수익률'이라는 공식에 대입만 하면 된다. 예를 들어, A라는 수익형 부동산을 매입할 때 실투자금이 1억 원이고 연간 투자 수익률 6%라고 한다면 '72÷6%=12'라는 값이 나온다. 이때 12는 12년을 의미한다. 결과를 해석하면 매달 월세 50만 원을 12년간 꼬박 받아야 실투자금 1억 원이 된다는 것이다.

여기까지가 지금까지 모두가 알고 있는 72법칙의 내용이다. 그런데 여기에는 논리적 모순이 있다. 바로 복리에 대한 가정이다. 복리를 적용했을 때는 72법칙의 계산이 맞다. 하지만 수익형 부동산에서는 복리라는 개념을 적용하지 않는다.

실제로 수익형 부동산에서 받는 월세를 어떤 사람은 생활비로 사용하고, 어떤 사람은 은행에 저축해서 목돈으로 만들 수도 있다. 하지만 2가지 경우 모두 복리로 계산되지 않는다. 그러므로 72법칙을 적용하면 실제 원금 회수 기간과 차이가 난다.

위의 예를 다시 살펴보면, 72법칙으로 계산한 연간 투자 수익률 6% 상품의 실투자금 회수 기간은 12년이다. 그런데 실투자금 1억 원에 연간 투자 수익률이 6%가 나오려면 1년에 총 600만 원의 월세를 받아야 한다. 이때 연간 수익 600만 원에 12년의 12를 곱하면 아이러니하게도 7,200만 원밖에 나오지 않는다. 복리가 아니기 때문이다. 그렇다면 실투자금 1억 원을 회수하려면 추가로 2,800만 원의 수익을 더 얻어야 한다. 이때 추가로 필요한 수익 2,800만 원을 연간 임대 수익 600만 원으로 나누면 약 4.7년이 나온다.

결국, 현실적으로는 실투자금이 1억 원이고 연간 투자 수익률이 6%인 상품의 경우 월세로 실투자금을 회수하는 데 필요한 기간은 12년에 4.7년을 더해 총 16.7년이다.

따라서 실제로 월세로 원금을 100% 회수하려면 '100÷연간 투자 수익률'의 식을 대입하는 것이 더 현실적이고 정확하다. 특히 안전성이 중요한 수익형 부동산 투자에서 보수적 투자 접근의 기준이 될 것이다. 그래서 나는 '100의 법칙'이라는 개념을 적용해야 한다고 본다.

다음의 표는 72법칙으로 계산한 실투자금 회수 기간과 100

법칙으로 계산한 실제 실투자금 회수 기간을 투자 수익률 1%에서부터 30%까지 나열한 것이다.

실투자금을 1억 원으로 가정하고 계산하여 정리하였으나, 실투자금이 2억 원이나 3억 원이 되더라도 수익률에 따른 월세는 동일한 비율로 증가한다. 따라서 실투자금 회수 기간은 실투자금 변화와 관계없이 수익률에 따라 항상 동일하게 계산된다.

현재 투자한 수익형 부동산이나 관심 있는 수익형 부동산의 실제 원금 회수 기간을 다음 표를 참고하여 쉽게 계산할 수 있을 것이다.

수익형 부동산의 실제 원금 회수 기간

실투자금 : 1억 원

수익률 (a)	72법칙식 실투자금 회수 기간 (년) (b)	연 수익 (원) (c)	월 수익 (원) (d)	연 수익×72법칙식 실투자금 회수 기간 (e=c×b)	실제 원금 회수율 (f=e/실투자금)	실투자금과의 차이 (g=실투자금−e)	추가 필요 기간 (년) (h=g/c)	실제 수익률 100% 기간 (년) (i=b+h)
1%	72	1,000,000	83,333	72,000,000	72%	28,000,000	28	100
2%	36	2,000,000	166,667	72,000,000	72%	28,000,000	14	50
3%	24	3,000,000	250,000	72,000,000	72%	28,000,000	9.3	33.3
4%	18	4,000,000	333,333	72,000,000	72%	28,000,000	7	25
5%	14.4	5,000,000	416,667	72,000,000	72%	28,000,000	5.6	20
6%	12	6,000,000	500,000	72,000,000	72%	28,000,000	4.7	16.7
7%	10.3	7,000,000	583,333	72,000,000	72%	28,000,000	4	14.3
8%	9	8,000,000	666,667	72,000,000	72%	28,000,000	3.5	12.5
9%	8	9,000,000	750,000	72,000,000	72%	28,000,000	3.1	11.1
10%	7.2	10,000,000	833,333	72,000,000	72%	28,000,000	2.8	10
11%	6.5	11,000,000	916,667	72,000,000	72%	28,000,000	2.5	9.1
12%	6	12,000,000	1,000,000	72,000,000	72%	28,000,000	2.3	8.3
13%	5.5	13,000,000	1,083,000	72,000,000	72%	28,000,000	2.2	7.7
14%	5.1	14,000,000	1,166,667	72,000,000	72%	28,000,000	2	7.1
15%	4.8	15,000,000	1,250,000	72,000,000	72%	28,000,000	1.9	6.7
16%	4.5	16,000,000	1,333,333	72,000,000	72%	28,000,000	1.8	6.3
17%	4.2	17,000,000	1,416,667	72,000,000	72%	28,000,000	1.6	5.9
18%	4	18,000,000	1,500,000	72,000,000	72%	28,000,000	1.6	5.6
19%	3.8	19,000,000	1,583,333	72,000,000	72%	28,000,000	1.5	5.3
20%	3.6	20,000,000	1,666,667	72,000,000	72%	28,000,000	1.4	5
21%	3.4	21,000,000	1,750,000	72,000,000	72%	28,000,000	1.3	4.8
22%	3.3	22,000,000	1,833,333	72,000,000	72%	28,000,000	1.3	4.5
23%	3.1	23,000,000	1,916,667	72,000,000	72%	28,000,000	1.2	4.3
24%	3	24,000,000	2,000,000	72,000,000	72%	28,000,000	1.2	4.2
25%	2.9	25,000,000	2,083,333	72,000,000	72%	28,000,000	1.1	4
26%	2.8	26,000,000	2,166,667	72,000,000	72%	28,000,000	1.1	3.8
27%	2.7	27,000,000	2,250,000	72,000,000	72%	28,000,000	1	3.7
28%	2.6	28,000,000	2,333,333	72,000,000	72%	28,000,000	1	3.6
29%	2.5	29,000,000	2,416,667	72,000,000	72%	28,000,000	1	3.4
30%	2.4	30,000,000	2,500,000	72,000,000	72%	28,000,000	0.9	3.3

3

성공하는
수익형 부동산은
따로 있다

1 투자 전략을 세우자

수익형 부동산은 크게 주거용과 상업용으로 구분된다. 처음에는 초보자를 대상으로 이 책을 쓰기 시작했기 때문에 상가에 관해서는 굳이 다루려고 하지 않았다. 아무래도 상가는 중수 정도는 되어야 안전하게 투자할 수 있기 때문이다.

그러나 지금까지 많은 상담을 진행해본 결과, 30대 후반에서 50대 초반의 남성들이 상가에 관심이 큰 경우가 많았다. 문제는 투자 경험이 전혀 없는 상태에서 상자 투자에 도전하려는 것이었다.

상가는 월세를 많이 받기 때문에 수익형 부동산으로서 충분히 매력이 있다. 하지만 상가도 좋은 위치에 있는, 즉 활성화된 상권은 당연히 비싸다. 그런데 문제는 어중간한 상가를 싸다고 덥석 사와서는 해결책을 물어보는 경우였다. 사실 이러한 경우

마땅한 해법을 알려주기 어렵다. 상가는 요물이다. 그리고 어렵다. 그래서 개인적으로 주거용 부동산 투자 경험이 최소 3~5번 정도 있고 부동산 전반을 이해하는 사람에게 추천하고 싶다.

가장 안전한 투자 대상은 아파트다. 30~40대 초반이라면 아파트를 추천한다. 그런데 아파트의 경우, 월세 수익을 얻을 수 있는 물건이 한정되어 있다. 그래서 월세 수익을 원하는 40대 후반 이상의 초보자라면 이름값 있는 200세대 이상의 오피스텔을 추천한다. 수익형 부동산에서는 환금성이 중요하기 때문에 나중에 팔 때를 생각한다면 그래도 어느 정도 규모가 있고 이름 있는 오피스텔이 좋다. 부동산도 급하면 체하게 되어 있다.

평생 부동산 재테크를 하고자 한다면 욕심 부리지 말고 단계별로 쉬운 것부터 다양하게 경험해보기를 바란다. 또, 투자와 공부를 병행하면서 부동산 보는 눈을 넓혀가는 것이 중요하다고 말하고 싶다.

2 투자해야 할까?

앞 장에서 수익형 부동산 투자는 타이밍보다 입지가 먼저라고 말한 바 있다. 그리고 2018년이 되면 수익형 부동산 투자가 본격적으로 시작될 가능성이 있다고 진단했다. 과연 그럴까? 다음에서 수익형 부동산 투자의 타이밍에 대해서 좀 더 알아보자.

아래의 그래프는 2010년 7월부터 2017년 4월까지의 서울시 아파트 매매가, 오피스텔 매매가, 아파트 경매낙찰가율에 관한 것이다.

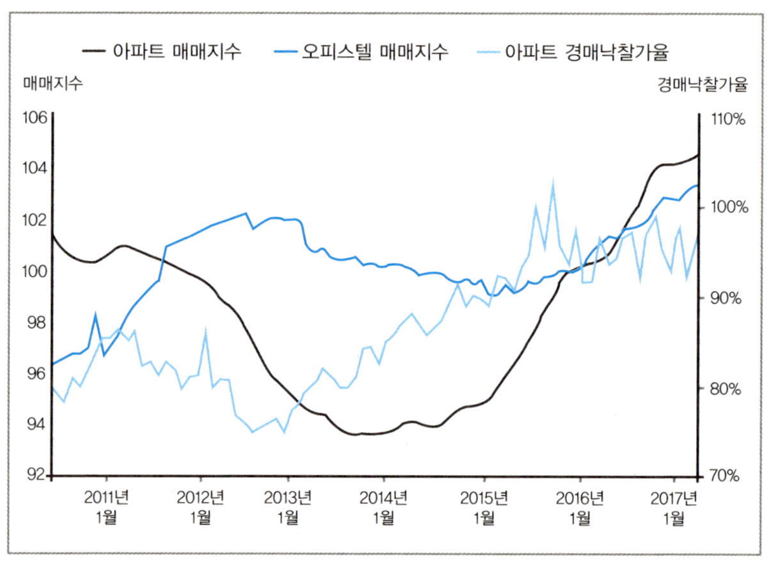

출처 : 국민은행 부동산, 굿옥션

우선 2013년 이전을 살펴보자. 이 시기에는 아파트 매매가와 경매낙찰가는 하락했다. 반면, 오피스텔 매매가는 상승했다. 당시 오피스텔에 대한 인기가 높았다는 것을 알 수 있다.

그런데 2013년에 들어서면서 오피스텔 가격이 하락했고 2015년까지 이 현상이 지속되었다. 반면, 아파트 경매낙찰가는 2013년부터 가격이 지속적으로 상승하였고, 아파트 매매가도 2014년 이후부터 상승하기 시작했다. 이를 통해 아파트 인기가 높아지자 반대로 오피스텔의 인기가 떨어진 것을 알 수 있다.

하지만 2015년 이후부터는 아파트 가격이 급격히 상승했고, 오피스텔 가격도 덩달아 올랐다. 즉, 아파트 가격이 급등하자 오피스텔도 아파트 가격의 영향으로 동반 상승한 것이다. 그런데 2017년 이후에는 아파트와 오피스텔의 가격 상승 폭이 줄어들었다. 향후 어떻게 바뀔지 모르지만, 2018년에 아파트 가격이 하락한다면 오피스텔은 일정 기간이 지나서 2010~2011년 그래프와 같이 인기가 높아질 가능성이 크다.

따라서 2018년에 수익형 부동산 투자의 타이밍이 올 것이라고 조심스럽게 예측해볼 수 있다.

부동산 흐름을 타라

앞에서 오피스텔 매매가가 2015년 이후 아파트 가격과 함께 동반 상승한다는 것을 그래프로 확인했다. 이 때문에 나는 수익형 부동산의 본격적인 투자 타이밍은 아파트 매매가격 하락기라고 말했다. 그러나 사람에 따라서는 이러한 투자 타이밍에 상관없이 당장이라도 수익형 부동산에 투자하고 싶은 경우가 있기 마련이다. 그러한 사람이라면 수익형 부동산 물건을 고를 때 어떤 물건을 선택하면 좋은지 알고 있으면 도움이 된다.

아래의 그래프는 서울시 아파트 매매 거래량과 아파트 경매 건수를 비교한 그래프다. 안타깝게도 아직 오피스텔 거래량에 대한 데이터는 제공하지 않고 있다.

그래프를 살펴보면, 아파트 매매 거래가 많아지는 경우에는 반대로 경매건수가 적다. 즉, 매매 거래가 많을 때는 경매 전에 매매가 이뤄지기 때문에 경매 물건이 줄어드는 것이다. 그래서 부동산 매매 시장이 상승기일 때는 경매 시장이 비수기가 되고, 반대로 부동산 시장이 하락기일 때는 경매 시장이 성수기가 된다.

서울시 아파트 매매와 경매 건수

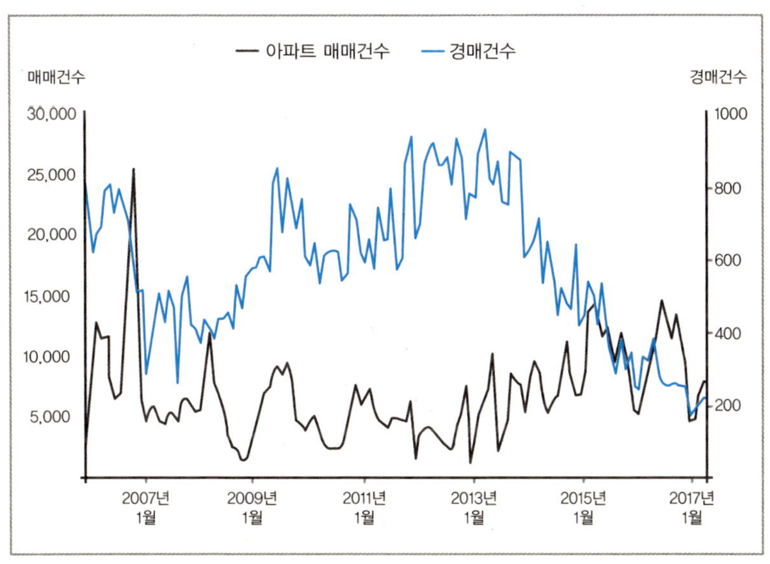

출처 : 온나라부동산정보 통합포털(www.onnara.go.kr)

그렇다면 수익형 부동산은 어떨까?

2015년 이후의 부동산 시장 상황을 보면 아파트 시장과 비슷하다는 것을 알 수 있다.

앞서 나온 그래프에서는 경매 물건수가 나와 있지 않지만, 2015년 이후 오피스텔 가격이 꾸준히 올랐기 때문에 오피스텔 경매 물건이 적을 수밖에 없었다는 점을 충분히 추측할 수 있다. 그러므로 좋은 수익형 부동산을 찾으려면 상승기에는 신축 분양

물건이 알맞을 수 있다. 신축 분양의 경우, 분양률 때문에 시세 수준이나 그보다 저렴하게 분양하는 경우가 일반적이다. 저렴하게 분양하더라도 가격이 꾸준하게 상승하기 때문에 그렇다.

반대로 하락기에는 경매 물건에서 찾는 것이 좋다. 수익형 부동산의 가격이 계속 하락하는 경우, 오히려 경매로 나온 물건이 많아지면서 싸게 낙찰받을 수 있는 기회가 생긴다. 싸게 매입하더라도 월세는 크게 변동되지 않으므로 수익률이 상대적으로 높을 수 있다.

4

수익형 부동산 수요가 많은 지역을 다르게 해석하면 투자하기 좋은, 투자 선호 지역이다. 수도권 지역으로 한정해서 수익형 부동산 수요가 많은 지역을 살펴보면 대략 3가지로 구분할 수 있다.

첫 번째는 2기 신도시와 2010년 이후에 공급된 택지지구 지역이다. 2기 신도시 지역은 1기 신도시에 비해 자족自足 기능이 있는 지역으로 직주근접職住近接, 즉 직장과 주거 지역이 가깝다. 또한, 최근 지하철이 개통되거나 개통 예정에 있어 교통 접근성도 우수하다. 지금까지 개발된 신도시나 택지지구를 살펴보면 지하철이 어떤 형태로든 연결되기 때문에 역세권이 형성되는 곳에서 오피스텔이나 상가를 통한 수익형 부동산 투자가 활발하게 이뤄져 왔다. 이러한 학습 효과를 통해 현재 개발 중인 2기 신도시와 택지지구에는 수익형 부동산 수요가 늘어났고, 공급도 지속적으로 진행되고 있다. 그러므로 좀 더 좋은 위치에 있는 수익형 부동산을 판단할 수 있는 능력이 요구된다.

두 번째는 1~2인 가구 수요가 많은 지역이다. 예를 들면, 대규모 업무지구가 있는 지역 내에 위치하거나 인근의 거주 지역, 대학교 등이 밀집하여 대학생 수요가 많은 지역 등이 대표적이다. 서울 도심권을 살펴보면 강남, 여의도, 종로와 같은 업무지구가 바로 이러한 지역에 해당하고, 연세대와 이화여대, 홍대, 서강대가 위치한 신촌 지역도 마찬가지다. 서울 외곽으로는 강서구 마곡지구, 인천 도화지구 등이 수익형 부동산 수요가 많은 지역이다. 이러한 지역은 기본적으로 수익형 부동산 임대 수요가 풍부하지만, 수익성과 안전성을 높이기 위해서는 꼼꼼한 현장 조사를 통해 수익형 부동산의 장단점을 면밀하게 파악하는 자세가 필요하다.

세 번째는 지하철 등이 있어 교통이 좋은 지역이며, 그중에서도 강남으로의 접근이 쉬운 지역이다. 지금까지 부동산 마케팅에서는 지하철, 경전철 등이 개통되었을 때를 주로 노렸으나, 실제로는 강남으로 접근하기 어려운 곳은 임차 수요가 떨어진다. 교통이 좋아져 집에서 강남까지 1시간 내에 접근할 수 있는 지역은 무조건 가격이 오른다고 보면 된다. 그러므로 강남 접근성을 고려하면 9호선과 신분당선, 7호선 연장선이 있는 역세권 지역의 수익형 부동산이 유망하다고 할 수 있다.

5

역세권마다
달라지는 수익

수익형 부동산 투자 기법에서 가장 기본은 역세권 지역에 투자하는 것이다.

역세권이란 역을 중심으로 다양한 상업 및 업무 활동이 일어나는 세력권을 의미하며, 보통 지하철역을 중심으로 하여 500미터 반경 내외를 말한다. 부동산 투자에서는 역세권을 1차 역세권, 2차 역세권으로 구분하고 있다.

그러나 실제 거주하는 사람들 입장에서는 역세권을 구분 짓는 기준이 다르다. 보통, 역에서 걸어서 10분 정도 걸리는 곳까지를 역세권으로 본다. 평지로 500미터쯤 된다. '평지'라는 점이 중요한데, 반드시 현장에 가서 확인해보기를 바란다. 아무리 인터넷으로 확인할 수 있다 해도 실제 보는 것과는 차이가 있다. 직접 역에서 해당 부동산까지 걸어가면 아무리 500미터라도 10

분보다 더 걸리는 경우가 있다. 즉, 경사가 있으면 역에서 15분에서 20분이 걸린다.

최근에는 이러한 역세권 투자를 기본으로 하여 다양한 투자기법이 만들어졌는데, 바로 'ㅇ세권' 투자법이다. 학세권, 몰세권, 숲세권, 의세권, 수세권 등 근처에 어떤 건물이나 장소가 있느냐에 따라 ㅇ세권이라 이름 붙이고, '세권'마다 각기 다르게 투자하는 방법이다. 이러한 세권들은 이미 수익형 부동산 투자자 사이에서 투자 판단의 기초로 활용되고 있다. ㅇ세권 각각의 특징에 관해서는 다음에 나올 표에 정리해놓았다. 이를 알아두면 수익형 부동산의 가치를 판단하는 데 많은 도움이 될 것이다.

부동산의 가치는 보통 수요가 많으면 올라가는데, 역세권에

역세권 구분

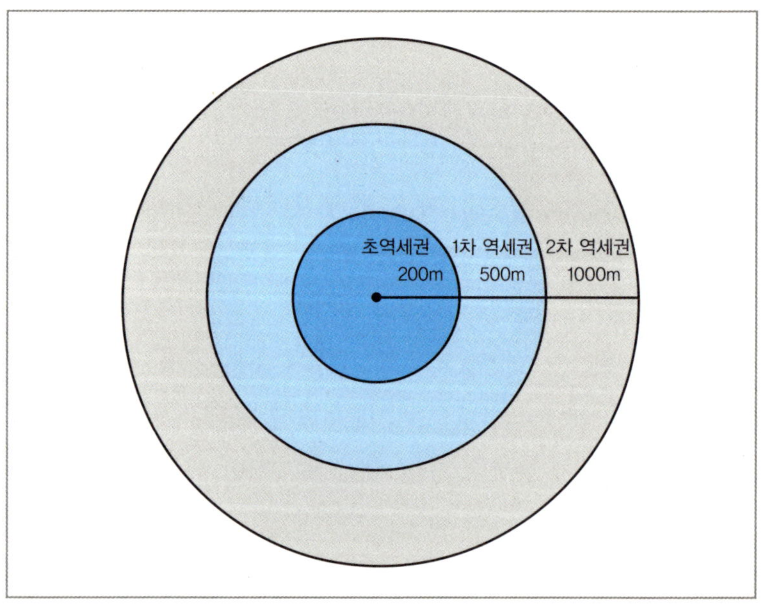

학세권, 몰세권 등 ○세권이 겹쳐 있다면 임대 수요가 더 많기 때문에 당연히 투자 수요가 몰려서 가격이 비싸진다. 그러므로 어떠한 수익형 상품이 있다고 했을 때, ○세권의 가치를 정확하게 판단하고 적정 가격을 평가할 수 있어야 한다. 이를 위해 ○세권의 가치는 반드시 현장을 찾아가서 눈으로 확인하기를 바란다.

각 ○세권의 의미와 선호 계층

구분	의미와 선호 계층
역세권	● 의미 – 초역세권 : 지하철역에서 반경 200미터 이내 – 1차 역세권 : 지하철역에서 반경 200~500미터 이내 – 2차 역세권 : 지하철역에서 반경 500~1,000미터 이내 ● 선호 계층 – 전 세대
버세권	● 의미 – 역세권 지역이 아닌 곳에서 도보 10분 이내에 다양한 버스노선을 이용할 수 있는 곳 ● 선호 계층 – 전 세대
학세권	● 의미 – 역세권+초·중학교 통학이 편리한 곳 – 역세권은 아니지만 초·중학교 학군이 우수하고 학원가가 있는 곳 ● 선호 계층 – 10대 자녀가 있는 30~50대 초반 계층
숲세권/ 공세권	● 의미 – 역세권+숲이나 공원이 가까운 곳 – 역세권은 아니지만 숲이나 공원을 조망할 수 있고 쉽게 이용할 수 있는 곳 ● 선호 계층 – 전 세대
수세권/ 호세권	● 의미 – 역세권+수변이나 호수가 가까운 곳 – 역세권은 아니지만 수변이나 호수를 조망할 수 있고 쉽게 이용할 수 있는 곳 ● 선호 계층 – 전 세대
의세권	● 의미 – 역세권+종합병원이나 응급실이 있는 대형병원이 가까운 곳 – 역세권은 아니지만 대학병원이나 종합병원을 가깝게 이용할 수 있는 곳 ● 선호 계층 – 50대 이상 장년층
몰세권	● 의미 – 역세권+백화점, 쇼핑몰, 할인점 등이 가까운 곳 – 역세권은 아니지만 백화점, 쇼핑몰을 가깝게 이용할 수 있는 곳 ● 선호 계층 – 20~40대
스세권	● 의미 – 역세권+스타벅스가 가까운 곳 ● 선호 계층 – 20~40대
맥세권	● 의미 – 역세권+맥도날드가 가까운 곳 ● 선호 계층 – 20~40대
벅세권	● 의미 – 역세권+버거킹이 가까운 곳 ● 선호 계층 – 20~40대

6

3가지 '세권'을
공략하라

좋은 수익형 부동산을 고르는 노하우는 다양하다. 또, 개인의 능력이나 성향에 따라서 물건을 고르는 요령이 있을 것이다. 하지만 최근 활용되는 투자 기법인 ○세권을 통해 부동산 물건을 객관적으로 비교하며 고를 수 있다.

사람들이 부동산 물건을 고르는 요령은 크게 2가지로 나눌 수 있다. 첫째는 동일 지역에 있는 여러 개의 수익형 부동산을 비교하여 선택하는 것이다. 둘째는 동일한 금액으로 여러 지역에 있는 물건을 비교하는 것이다. 아래의 표는 이 2가지의 경우 체크해야 할 것들을 표로 만들어놓은 것이다.

① 동일 지역의 여러 개 수익형 부동산일 때 체크리스트

구분	A	B	C	D	E
매매가					
보증금/월세					
실투자금					
역세권					
버세권					
학세권					
숲세권/공세권					
수세권/호세권					
의세권					
몰세권					
스세권					
맥세권					
벅세권					
○세권 개수					

② 동일한 금액의 여러 지역 수익형 부동산일 때 체크리스트

구분	A	B	C	D	E
매매가	1억 5천만 원	1억 5천만 원	1억 5천만 원	1억 5천만 원	1억 5천만 원
보증금/월세					
실투자금					
역세권					
버세권					
학세권					
숲세권/공세권					
수세권/호세권					
의세권					
몰세권					
스세권					
맥세권					
벅세권					
○세권 개수					

위와 같은 체크리스트를 이용하여 간단하게 수익형 부동산의 가치를 비교할 수 있다.

체크하는 요령은 역세권을 포함하는가와 이와 함께 다른 세권이 2개 이상 겹쳐지는가이다. 세권이 많으면 많을수록 당연히 좋겠지만 그러면 매매금액이 비쌀 것이다. 그러므로 본인이 잘 아는 지역이나 투자 가능한 금액 내에서 최적의 수익형 부동산을 선택할 수 있어야 한다.

역세권 초소형 투자

수익형 부동산에 투자하는 사람들은 월세는 물론, 훗날의 시세차익도 기대한다. 소위 '꿩 먹고 알 먹는' 식이다. 그런데 문제는 싸고 좋은 물건을 찾는 데에 있다. 사실 이런 경우는 욕심을 크게 부린다고 보면 된다. 상담할 때도 이런 물건을 찾는 사람들에게 냉정하게 말해주는 편이다.

그렇다면 수익형 투자도 가능하고, 나중에 시세차익도 기대할 수 있는 부동산이 있을까? 있다. 많다. 그러나 비싸다. 이것이 거짓말을 보태지 않은 정직하고 현실적인 답변이다. 좀 더 구체적으로 이야기하면 강남 지역에 있는 부동산들이다. 이런 부동산을 설명하고 가격을 말하면 다들 꼬리를 내린다.

기본적으로 부동산이라는 것은 다른 사람도 좋아하고 나도 좋아하면 대부분 인기가 높다. 초보자들은 이런 물건을 특히 좋게 본다.

하지만 이런 부동산을 비싸게 사더라도 훗날 큰 수익을 기대하기는 어렵다. 안전할 뿐이다. 즉, 실패하지 않는 것이다. 대신에 투자금액에 비해 벌어들일 수 있는 수익은 한계가 있다. 그래서 개인적으로도 잘 추천하지 않는다.

우리는 왜 부동산 투자를 하는가? 적은 돈으로 목돈을 마련해보기 위해서다. 그렇기 때문에 적은 돈으로 투자할 수 있는 상품을 찾고, 남들보다 먼저 좋은 물건을 찾을 수 있어야 한다. 물건을 찾는 방법은 직접 발품을 파는 방법과 전문가를 통해서 좋은 물건을 소개받는 방법이 대표적일 것이다. 정답은 없으니 본인의 취향에 따라 선택하면 된다.

그렇다면 적은 돈으로 임대 수익과 시세차익을 동시에 얻을 수 있는 상품은 무엇일까?

가장 확실한 곳은 역세권에 위치한 초소형 부동산이다. 초소형은 전용면적 10평대 전후라고 생각하면 쉽다. 초소형은 1~2인 가구가 계속 증가하는 사회구조에 따라 수요가 꾸준히 늘어날 것으로 예측된다. 수요가 많으면 가격은 결국 올라가게 되어 있다.

따라서 초소형은 월세 수요가 풍부하기 때문에 안전한 월세를 기대하는 투자자의 수요가 많을 수밖에 없다. 그러므로 투자 타이밍을 잘 맞춰서 사든지, 좋은 신규 상품이 있으면 선점하듯 투자하여 갖고 있다가 나중에 팔면 임대 수익과 시세차익을 동시에 올릴 수 있다.

20~30대가 사는 곳이 핵심이다

8

　수익형 부동산 투자 물건을 고를 때 20~30대 수요가 많은 지역을 찾으라는 말은 너무도 뻔한 말이다. 단순히 그렇게만 이야기한다면 실상 속은 하나도 없는 겉핥기식의 설명이라고 할 수 있다. 적어도 어느 지역에 수요가 많이 있으니 이런 지역에 관심을 가져야 된다는 정도는 말하는 것이 당연할 것이다.

　아래의 표는 2017년 4월 기준으로 주요 수도권 지역을 20~30대 인구 비율이 높은 순으로 나열한 것이다. 짙은 색깔로 표시한 지역은 20~30대 인구가 많은 곳으로 수익형 부동산을 투자하기에 상대적으로 안전한 곳이라고 할 수 있다. 그 밑에 검은색이 아닌 덜 짙은 색으로 표시한 곳은 20~30대 인구가 많긴 하지만 수익형 부동산의 위치에 따라 좀 더 신중하게 접근할 필요가 있는 지역이다.

이 같은 내용은 인근의 수요가 풍부하니 수익형 부동산 투자처로 좋을 것이라는 정도로만 이해하면 될 것이다. 만약 이러한 지역에서 투자할 만한 물건이 있는 경우에는 해당 지역의 동까지 세세하게 수요를 확인해봐야 한다. 또한, 현장을 찾아가 입지가 어떤지 살펴봐야 한다.

주요 수도권별 인구수와 20~30대 인구수

단위 : 명

서울시	총인구수	20~30대 인구
송파구	660,315	207,424
강서구	597,936	194,176
관악구	506,905	193,119
강남구	564,885	176,487
노원구	565,076	156,037
은평구	489,741	140,202
강동구	449,253	134,857
동작구	400,101	132,982
서초구	445,474	132,886
성북구	449,280	130,844
양천구	475,545	130,531
구로구	416,096	127,668
마포구	378,366	127,297
중랑구	409,740	122,789
광진구	357,261	121,369
영등포구	368,037	119,394
동대문구	353,898	108,753
성동구	303,576	97,680
서대문구	314,910	95,486
도봉구	346,161	95,035
강북구	326,713	90,500
금천구	236,405	71,743
용산구	229,062	69,219
종로구	153,937	44,787
중구	124,072	37,856

경기 상위 25개 지역	총인구수	20~30대 인구
부천시	849,842	257,009
화성시	658,730	199,271
남양주시	662,870	172,793
성남시 분당구	503,254	149,097
평택시	475,157	135,151
고양시 덕양구	446,614	124,459
파주시	431,712	120,146
의정부시	438,321	119,279
시흥시	405,712	117,110
수원시 영통구	343,432	116,899
수원시 권선구	359,126	116,419
용인시 기흥구	418,177	114,404
안산시 상록구	374,641	113,355
김포시	373,617	102,359
안양시 동안구	343,085	100,100
광주시	332,845	95,711
광명시	335,872	95,378
용인시 수지구	348,457	92,424
안산시 단원구	312,161	92,383
수원시 장안구	296,168	86,962
고양시 일산동구	293,290	83,714
군포시	283,660	83,457
고양시 일산서구	300,704	80,067
안양시 만안구	255,081	76,405
성남시 수정구	236,036	71,354

인천시	총인구수	20~30대 인구
부평구	548,043	164,569
남동구	531,490	156,981
서구	511,127	149,908
남구	418,707	122,441
계양구	327,826	97,793
연수구	332,333	96,288
중구	115,824	31,496
동구	70,570	17,783
강화군	68,097	11,649
옹진군	21,288	5,328

*출처: 통계청 주민등록인구 자료

9

안전한 오피스텔 고르기

수익형 부동산의 대표 상품인 오피스텔에 투자할 때 고려해야 할 적정 수익률은 얼마나 될까?

앞서 수익형 부동산은 철저하게 수익률로 접근해야 된다고 했다. 그렇다면 어떤 물건을 고르는 것이 좋을까? 무조건 수익률이 높으면 좋을까? 수익률이 낮으면 좋지 않은 것일까? 투자자의 성향에 따라서 답변이 모두 다를 수 있으니 정답은 따로 없다. 하지만 그럼에도 기준이 필요하다.

다음 그래프는 국민은행 부동산 통계자료에서 제공한 서울, 인천, 경기도 지역의 오피스텔 수익률 변화 추이다. 이를 통해 오피스텔의 수익률이 점점 내려가고 있다는 것을 확인할 수 있다.

서울, 인천, 경기도의 오피스텔 수익률 변화 추이

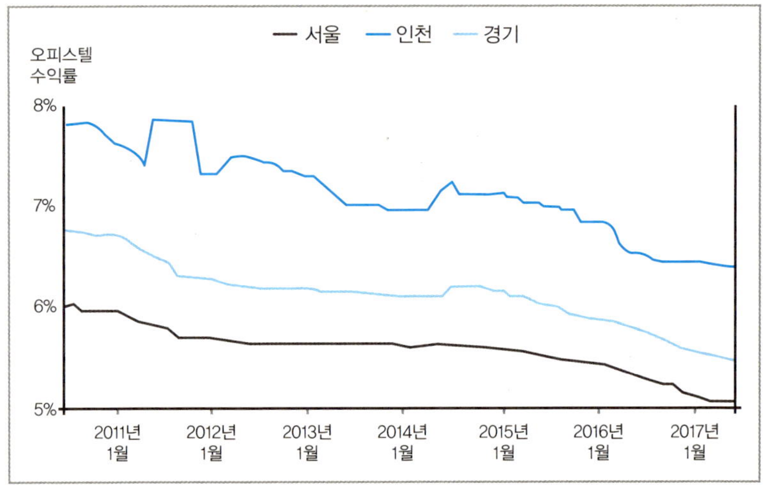

출처 : 국민은행 부동산

　그리고 서울, 인천, 경기도 지역에 따라서 평균 수익률에 차이가 있다는 것을 알 수 있다. 따라서 지역별로 다른 수익률을 기준으로 세워 접근하는 것이 우선 중요하다.

　그래프에 나와 있는 수익률이 평균 수익률이라고 할 때, 투자 상품의 경우 수익률 1% 내외에서 물건을 찾는 것이 안전할 수 있다. 무조건 수익률이 높은 물건은 역세권에 위치하지 않아 가격이 쌀 수 있는데, 나중에 공실 문제가 발생할 수 있다. 반면 너무 비싼 물건은 입지가 좋아도 나중에 낮은 수익률 때문에 매각이 어려울 수 있다. 따라서 안전 투자를 생각한다면 지역별로 평균 수익률 1% 내외의 물건을 고르는 것이 좋다.

4

수익형 부동산
투자 노하우

1 투자금마다 투자 전략이 달라져야 한다

　수익형 부동산 투자는 시세차익 부동산 투자와 달리 철저하게 수익률로 접근해야 한다. 시세차익 투자는 실투자금 3천만 원을 넣고 2~3년 뒤에 원금을 포함해서 5천~6천만 원 정도 차익을 남길 수 있을 때 매각하겠다는 생각으로 투자하는 것이 일반적이다.

　반면 수익형 부동산 투자는 매달 얼마큼 임대 수익을 받을 수 있는지를 사전에 정확하게 계산해야 하고, 그에 맞는 투자 전략을 세워야 한다. 특히 수익률로 접근할지, 임대 수익금액으로 접근할지, 대출을 활용할지에 따라 실투자금이 각각 달라지기 때문에 정확한 사전 검토가 필요하다.

　투자금액별 수익형 부동산 투자 전략은 다음 표의 예를 통해 좀 더 쉽게 설명하겠다. 어떤 지역의 오피스텔 매매가격이 1억 7천만 원이라고 치자. 이때 월세를 어떻게 정하느냐에 따라 수익률이 얼마나 달라지는지, 또 대출을 활용하느냐에 따라 수익률과 월세 금액이 어떻게 달라지는지 살펴보자.

실투자금은 동일, 대출 활용, 월세가 다른 경우

단위 : 원

① 총 투자금액

구분	월세 50만 원	월세 70만 원	월세 100만 원	비고
매매가격	170,000,000	170,000,000	170,000,000	
필요경비 (등기비 등)	8,500,000	8,500,000	8,500,000	매입가의 5%
필요경비 (중개수수료)	1,020,000	1,020,000	1,020,000	중개수수료 매매가의 0.6%
총 투자금액	179,520,000	179,520,000	179,520,000	

② 실투자금액

구분	월세 50만 원	월세 70만 원	월세 100만 원	비고
총 투자금액	179,520,000	179,520,000	179,520,000	총 매입비용
대출금액	119,000,000	119,000,000	119,000,000	매매가격의 70%
월세 보증금	10,000,000	10,000,000	10,000,000	
실투자금액	50,520,000	50,520,000	50,520,000	총 투자금액−대출금액−전세금액−보증금

③ 월 임대 수익 및 투자 수익률

구분	월세 50만 원	월세 70만 원	월세 100만 원	비고
월 임대료	500,000	700,000	1,000,000	보증금 1천만 원
월 대출이자	347,083	347,083	347,083	대출이자율 연간 3.5%÷12개월
월 임대 수익	152,917	352,917	652,917	월 임대료−월 대출이자
연간 임대 수익	1,835,000	4,235,000	7,835,000	월 임대 수익×12개월
세전 연간 투자 수익률	3.6%	8.4%	15.5%	연간 임대 수익÷실투자 금액

구분	월세 50만 원	월세 70만 원	월세 100만 원	비고
총 투자금액	179,520,000	179,520,000	179,520,000	매매가격+등기비 등 기타 총 경비
월세 보증금	10,000,000	10,000,000	10,000,000	
실투자금액	169,520,000	169,520,000	169,520,000	총 투자금액−대출금액−전세금액−보증금
월 임대료	500,000	700,000	1,000,000	
세전 연간 투자 수익률	3.5%	5%	7.1%	연간 임대 수익÷실투자금액

1) 실투자금 산정

총 투자금은 매매가격과 필요경비(등기비, 중개수수료 등)를 포함해서 1억 7,952만 원이다. 대출금액은 매매금액의 70%로 가정하여 총 1억 1,900만 원이다. 여기에 보증금 1천만 원을 적용했다. 따라서 실투자금은 5,052만 원이 된다.

2) 임대 수익 산정

임대 수익은 보증금 1천만 원을 기준으로 월 50만 원, 60만 원, 70만 원으로 구분했다. 여기에 대출이자 34만 7,083원(대출이율 연 3.5% 적용)을 제외하면 월세 50만 원인 경우 월 임대 수익은 15만 2,917원, 세전 연 임대 수익은 183만 5,000원이다. 월세 70만 원인 경우 월 임대 수익은 35만 2,917원, 세전 연 임대 수익은 423만 5,000원이다. 월세 100만 원인 경우 월 임대 수익은 65만 2,917원, 세전 연 임대 수익은 783만 5,000원이다.

3) 투자 수익률 산정

투자 수익률은 연간 임대 수익을 실투자금으로 나누면 된다. 월세 50만 원인 경우 세전 연 임대 수익 183만 5,000원에 실투자금 5,052만 원을 나누면 투자 수익률이 3.6%로 계산된다. 월세 70만 원인 경우 세전 연 임대 수익 423만 5,000원을 실투자금 5,052만 원으로 나누면 투자 수익률이 8.4%로 계산된다. 월세 100만 원인 경우 세전 연 임대 수익 783만 5,000원을 실투자금 5,052만 원으로 나누면 투자 수익률이 15.5%로 계산된다.

참고로 여기서 대출이 없다고 가정하여 투자 수익률을 계산해보면, 실투자금은 보증금을 제외하고 1억 6,952만 원이 된다. 그러면 월세 50만 원인 경우 연간 임대 수익은 600만 원으로 연간 투자 수익률은 3.5%가 된다. 월세 70만 원인 경우 연간 임대 수익은 840만 원으로 연간 투자 수익률은 5%가 된다. 월세 100만 원인 경우 연간 임대 수익은 1,200만 원으로 연간 투자 수익률은 7.1%가 된다.

예시를 통해 살펴본 결과, 실투자금액이 동일하더라도 월세에 따라 수익률이 달라진다는 점을 알 수 있다. 월세 10만 원의 차이가 수익률에 상당한 영향을 미쳤다. 또한, 대출이 있는 경우와 없는 경우에 따라서 투자 수익률에 차이가 났다. 이 때문에 투자 위험은 낮추고 수익률은 높이는 방안으로 대출을 활용하는 것이다.

하지만 수익형 부동산 투자 전략에서 반드시 이해해야 할 것은 바로 수익과 수익률의 차이다.

부동산 투자를 하는 데 있어 많은 사람들이 수익률보다는 수익으로 접근하려는 경향이 많다. 그런데 수익률이 높다고 해서 수익이 반드시 큰 것은 아니다. 실제로 여러 상담에서 수익과 수익률의 차이를 이해하지 못하고 수익률만 생각했다가 정작 수익금액만 보고 실망하는 경우를 여럿 봤다.

따라서 수익형 부동산 투자 전략을 세울 때 수익과 수익률에 대한 개념을 이해하는 것이 중요하다. 수익률을 높이려면 대출을 이용하여 실투자금액을 낮추고, 수익을 높이려면 대출을 이용하지 않고 실투자금액을 높여야 한다는 기본 원리를 반드시 기억하기 바란다.

수익형 부동산 투자에서 고려해야 하는 것들은 한두 가지가 아니다. 부동산 가격에 영향을 미치는 것들을 하나하나 따지다 보면 백 가지도 넘을 것이다. 하지만 그런 것들을 일일이 다 따지면서 부동산을 찾다가는 제풀에 지치게 된다. 1억이라는 투자금액으로 서울, 인천, 경기도 내에서 투자할 수 있는 부동산이 수십 개는 넘을 테니 말이다. 따라서 수익형 부동산을 선택할 때는 몇 가지 확실한 기준만 세워놓고 그것에 대해서 좋고 나쁜지 판단하는 것이 좋다.

지금까지 진행해온 부동산 개발과 투자, 그리고 컨설팅을 통해 가장 중요한 기준을 5가지로 간추려 쉽게 정리해봤다.

첫째는 입지다. 입지를 잘 봐야 한다. 사실 부동산에서 입지는 떼려야 뗄 수 없는 존재다. 입지라는 말에 포함되는 요소는 지하철역과의 거리에서부터 평지인지 경사지인지 여부, 주변에 위치한 시설 등 너무도 많다. 하지만 수익형 부동산에서는 지하철역과의 거리, 주변 편의시설, 인근의 수요 정도만 고려하면 될 것이다. 이 3가지가 좋은 지역은 절대 부동산이 나쁠 수 없기 때문이다.

둘째는 수익형 부동산 운영과 활용이다. 부동산을 사서 월세를 얼마큼 받아야지 하고 막연하게 생각하는 것은 너무나 초보 같은 발상이다. 실제로 수익형 부동산을 보유하는 동안 여러 가지 변수가 생길 수 있다. 따라서 부동산 매입 전에 6개월 또는 1년 단위로 임대 수익의 흐름을 파악하고, 중간에 변수가 생길 때를 대비한 대안, 향후 매각 시기 등에 관해 반드시 계획을 세워놓아야 한다.

셋째는 수익형 부동산의 임차 표적이다. 수익형 부동산의 경우, 입지에 따라 수요에 차이가 난다. 그런데 광고를 보면 무조건 풍부한 수요가 있는 것처럼 강조한다. 이런 것에 속지 말고 반드시 현장에 찾아가 주변 공인중개사사무소를 통해 확인해야 한다.

넷째는 수익형 부동산의 보유 기간이다. 이것은 앞에서 살펴본 72법칙과도 관련이 있다. 사실 72법칙이 아니라 100법칙이라고 해야 할 것이다. 아무튼 수익형 부동산에서 가장 중요한 것은 환금성이다. 따라서 언제 매각할지 또는 매각할 수 있을지를 신중히 고려해야 한다.

다섯째는 쉽게 자주 찾아갈 수 있는 지역이다. 투자할 곳은 쉽고 자주 찾아갈 수 있으면 특히 좋다. 예를 들어 수도권에 살고 있다면 그곳에 있는 부동산을 선택하는 것이 차로 1~2시간 내에 갈 수 있어 편리하다. 특히 여기서 중요한 것은 물리적 거리보다는 심리적 거리가 가까워야 한다는 점이다. 강원도나 충청도라고 하면 사람들은 막연히 멀다고 느낀다. 그런데 영종도라고 하면 멀게 느끼지 않는다. 서울 강남에서 보면 차로 걸리는 시간은 비슷한데 말이다. 수익형 부동산도 집에서 키우는 강아지처럼 항상 관심을 갖고 자주 봐줘야 한다. 그러니 가까운 곳이 좋을 수밖에 없다.

지금까지 이야기한 5가지를 좀 더 쉽게 기억할 수 있도록 아래와 같이 정리했다.

> **⊛ LOTTO**(좋은 수익형 부동산을 찾기 위한 체크 사항)
>
> **L**ocation : 입지
>
> **O**peration : 수익형 부동산 운영 및 활용
>
> **T**arget : 수익형 부동산 임대 표적
>
> **T**erm : 수익형 부동산 보유 기간
>
> **O**ften : 수익형 부동산 투자 후 자주 찾아갈 수 있는 장소

한 줄로 요약하자면 '자신만의 로또LOTTO를 찾아라'이다.

사람들은 누구나 부동산 투자로 한 방을 기대한다. 수익형 부동산으로 한 방을 터트리려면 로또를 찾는 마음으로 접근하는 것이 좋다. 그리고 이러한 모든 판단은 반드시 현장에서 내려야 한다. 개인적으로 평일 아침·점심·저녁, 주말 아침·점심·저녁 최소 6번 발품을 팔아보기를 권한다. 너무 많은 게 아니냐고 반문할 수도 있겠지만, 부동산에는 큰돈이 들어간다. 1~2만 원짜리 물건을 사듯 큰 고민 없이 부동산을 계약한다면 실패할 가능성이 크다.

3

투자 기법에 따라
수익률이 달라진다

앞서 수익형 부동산의 경우 투자금액에 따라 수익금액과 수익률이 달라진다는 점에 대해서 살펴보았다. 이번에는 수익형 투자와 갭투자의 수익률을 비교해보고자 한다.

다음의 표는 매매금액이 1억 5천만 원인 도시형 생활주택에 갭투자, 수익형 투자(대출 있음), 수익형 투자(대출 없음) 방식으로 접근할 때를 비교한 것이다.

수익형 투자와 갭투자의 투자금액과 수익률 비교

단위 : 원

① 총 투자금액

구분	갭투자	수익형 투자 (대출 있음)	수익형 투자 (대출 없음)	비고
매매가격	150,000,000	150,000,000	150,000,000	
필요경비 (등기비 등)	2,250,000	2,250,000	2,250,000	매입가의 약 1.5%
필요경비 (중개수수료)	900,000	900,000	900,000	중개수수료 매매가의 약 0.6%
총 투자금액	153,150,000	153,150,000	153,150,000	

② 실투자금액

구분	갭투자	수익형 투자 (대출 있음)	수익형 투자 (대출 없음)	비고
총 투자금액	153,150,000	153,150,000	153,150,000	총 매입비용
대출금액	–	100,000,000	–	
전세금액	120,000,000	–	–	전세 1억 2천만 원 적용
월세 보증금	–	10,000,000	10,000,000	
실투자금액	33,150,000	43,150,000	143,150,000	총 투자금액–대출금액–전세금액–보증금

③ 월 순수익

구분	갭투자	수익형 투자 (대출 있음)	수익형 투자 (대출 없음)	비고
월 임대료	–	700,000	700,000	보증금 1천만 원/ 월세 70만 원 적용
월 대출이자	–	291,667	–	대출이자율 연간 3.5%÷12개월
월 임대 수익	–	408,333	700,000	월 임대료–월 대출이자
연간 임대 수익	–	4,900,000	8,400,000	월 임대 수익×12개월

④ 투자 수익률 산정 (2년 후 매각 산정)

구분	갭투자	수익형 투자 (대출 있음)	수익형 투자 (대출 없음)	비고
2년간 임대 수익	–	9,800,000	16,800,000	연간 임대 수익×2년
매각금액	180,000,000	180,000,000	180,000,000	
시세차익	26,850,000	26,850,000	26,850,000	매각금액–총 투자금액
매각 후 총 수익(세전)	26,850,000	36,650,000	43,650,000	시세차익+2년간 임대 수익
2년간 투자 수익률 합계	81%	84.94%	30.49%	2년간 실투자금 기준 수익률
총 투자 수익률 (연간)	40.5%	42.47%	15.25%	매각 후 총 수익÷ 실투자금액÷2년

실투자금액의 경우 갭투자는 3,300만 원 정도, 대출 있는 수익형 투자는 4,300만 원 정도, 대출 없는 수익형 투자는 1억 4,300만 원 정도다. 그리고 2년 뒤 1억 8천만 원에 매각한다고 가정했을 때 갭투자는 총 2,680만 원 정도의 시세차익이 발생했고, 대출 있는 수익형 투자는 3,650만 원 정도의 임대 수익과 시세차익이 발생했다. 대출 없는 수익형 투자는 4,360만 원 정도의 임대 수익과 시세차익이 발생했다.

한편, 이러한 2년간의 수익을 1년 단위로 나눈 후 연간 투자 수익률을 환산해보면 갭투자는 40.5%, 대출 있는 수익형 투자는 42.47%, 대출 없는 수익형 투자는 15.25%로 계산되었다.

단순하게 수치만 보면 대출 있는 수익형 투자가 가장 좋은 투자 방법으로 생각될 수 있다. 하지만 예시일 뿐이다. 실제 부동산은 똑같은 것이 하나도 없고, 투자자의 성향, 투자 가능 금액 등에 따라 달라지기 때문에 대부분 임의대로 갭투자나 수익형 부동산 중 하나를 선택한다.

갭투자와 수익형 투자의 차이는 다음과 같다. 먼저 들어가는 투자금액에 차이가 있다는 것, 그리고 수익형 투자는 임대 수익이 있지만 갭투자는 없다는 것, 또한 갭투자의 경우 좋은 가격에 매각해야 시세차익을 기대할 수 있다는 것이다. 반면, 수익형 투자는 매각할 때까지 계속 임대 수익을 받을 수 있고, 또 소유자가 매각할 생각이 없으면 계속 보유해도 된다는 장점이 있다.

따라서 갭투자와 수익형 투자의 특징을 기본적으로 이해하고 투자하는 자세가 필요하다.

4

크기마다
달라지는 활용도

주거용 부동산에서 수익형 부동산을 생각하면 대부분 오피스텔과 도시형 생활주택을 떠올린다. 그다음으로 다세대주택 정도다.

아파트는 수익형 부동산으로 생각하기 쉽지 않다. 가장 큰 이유는 오피스텔과 도시형 생활주택과 달리 아파트를 월세로 사는 것에 대해 아직까지 사람들 사이에서 거부감이 있기 때문이다. 하지만 역세권 10평대 아파트들은 오히려 좋은 수익형 부동산이 될 수 있다.

수익형 부동산이라고 하면 대부분 소형 부동산을 생각하는데, 대략 보증금 1천만 원에 50만 원에서 많게는 100만 원의 월세 수익이 가능한 것을 떠올리는 게 일반적이다. 하지만 수익형 부동산이 매달 고정 임대 수익이 발생하는 것이라는 점에 착안

하여 고정관념에서 벗어나 규모 있는 주거용 부동산을 수익형 부동산으로 활용하여 틈새 부자가 될 수 있다.

지금 알려주고자 하는 내용은 주로 30평형대 이상의 아파트에 관한 것이다.

가장 먼저 아파트가 주요 역세권에 위치했다면 셰어하우스 형태로 활용해볼 수 있다. 최근 유행하고 있는 셰어하우스는 방이 3~4개 있는 아파트의 각 방을 1명씩 월세로 임대하고 거실과 부엌은 공용공간으로 활용하는 것이다. 외국에서는 이미 오래전부터 일반화되었는데, 최근 우리나라의 경우 대학가 주변에서 증가하고 있다. 한 달에 월세 50만 원 정도를 4명에게 받는다면 상가 못지않은 수익형 부동산이 될 수 있다.

1층 아파트의 경우 사람들이 사생활 때문에 살고 싶어 하는 곳이 아니다. 그런데 단지 규모가 어느 정도 큰 곳에 이러한 부동산이 매물로 있다면 어린이집으로 쓸 만한지 검토해보면 좋다. 1층 아파트를 활용할 수 있는 가장 좋은 방법은 어린이집이며, 어린이집으로 임대하면 월세를 200만 원 정도 받을 수 있다. 물론 어린이집이 지역 내에서 허가를 받아야 하기 때문에 사전에 관할 지자체의 허가 가능 여부에 대해 반드시 확인해야 한다.

이외에도 최근 사람들이 주로 찾는 숙박 공유 플랫폼 에어비앤비Airbnb나 사무실, 기숙사 등의 용도로 맞춤형 임대를 하는 것도 30평형대 이상의 주거용 부동산을 활용할 수 있는 방법이다.

물론 이러한 것들을 쉽게 할 수 있는 것은 아니다. 남들과 다른 시각을 갖고 틈새를 찾아내 노력해야만 투자를 성공으로 이끌 수 있을 것이다.

5 수익 올리기

분당에 사는 40대 A씨는 아파트 2채를 보유하고 있었는데, 2년 전에 갭투자로 아파트 1채를 더 구입했다. 그런데 세금을 그다지 중요하게 생각하지 않았다가 세금 폭탄을 맞고 말았다. 아파트 3채 중 1채를 본인이 산 금액보다 2배 가까이 높게 팔다가 양도세 때문에 발목이 잡힌 것이다. A씨는 부동산을 갖게 되면서부터 여러 세금을 신경 쓰기는 했지만, 부동산을 매입할 때 내는 취득세를 당연히 내는 세금으로만 생각하고 별다른 고민을 하지 않았다. 때문에 이런 문제가 빚어졌다. 부동산으로 번 돈을 세금으로 다 뺏기는 기분이 들었다고 한다.

이 이야기는 갭투자에서 종종 일어날 법한 일이다. 대부분의 부동산 투자자들이 세금에 대해서 크게 생각하지 않기 때문이다. 하지만 우리나라의 세금 관련법은 결코 허술하지 않다. 부동산 상담을 해보면 세금에 대해서 처음부터 관심을 갖는 사람은 대부분 이전에 이미 세금 폭탄을 맞은 적이 있었다. 세금 폭탄을 한번 받고 나면 부동산 가격이 오르는 것보다 매입 이후에 어떻게 하면 세금을 덜 낼지에 관심을 많이 갖는다. 세금만 적게 내도 그만큼 수익으로 돌아오기 때문이다.

그렇다면 수익형 부동산에서는 어떻게 절세를 해야 할까?

서울에 사는 B씨는 2년 전 30년 다니던 회사에서 정년퇴직했다. 이후 마땅한 일자리를 찾지 못한 B씨는 퇴직금으로 매달 생활비를 받을 수 있는 임대 수익을 찾기 시작했다. 그 때문에 1년 전 나를 찾아왔고, 나는 그에게 대학가 주변의 역세권 오피스텔을 소개해줬다. 퇴직금으로 충분히 3채를 구매할 수 있었고, B씨도 마음에 들어 했다. 희망하는 월 임대 수익도 충분했다. 하지만 문제는 세금이었다. 그래서 세무사를 소개해주고, 사전에 세금 계획을 철저하게 세우고 오피스텔을 사라고 조언했다. 내 조언이 통했는지 지금도 가끔 감사의 표시로 전화를 하곤 한다.

이처럼 수익형 부동산에 투자하려면 세금에 대해서 철저히 조사하고 준비해야 한다. 오피스텔은 건축법상 주택이 아닌 준주택으로 분류된다. 따라서 보통 업무용으로 사용되어야 하나 요즘은 이곳에서 거주하는 경우도 많아 세법을 적용할 때 혼란이 일어난다. 오피스텔이 업무용인지 주거용인지에 따라 과세 체계가 다르기 때문이다. 예를 들면, 오피스텔이 주거용인 경우 주택으로 취급되어 부가가치세가 환급되지 않을 수 있다. 세법에서는 임차인 보호를 위해 주택임대료의 경우 부가가치세를 면세하고 있기 때문이다.

오피스텔의 경우 취득 단계부터 양도 단계까지 여러 세금 문제가 발생할 수 있다. 이에 관해 좀 더 자세히 살펴보자.

1) 취득 단계

오피스텔을 신규 분양했다고 해보자. 그러면 2가지 세금을 내야 한다. 바로 취득세와 부가가치세다. (신규 분양으로 한정한 이유는 기존 오피스텔을 구입한 경우 판 사람과 산 사람의 관계에 따라 부가가치세를 처리하는 방법이 달라지기 때문이다.)

취득세의 경우, 오피스텔에서는 취득가액(부동산을 사면서 내는 비용 일체)의 4%를 내야 한다. 주거용이냐 업무용이냐는 상관없다. 주택이 취득가액의 1~3% 사이에서 취득세가 조정되는 것과는 차이가 있다. 왜 그럴까?

지방세법에 따르면 주택은 건축법상 단독주택과 공동주택만 포함할 뿐, 오피스텔은 포함하지 않는다. 오피스텔은 준주택으로 분류되기 때문이다. 한편, 오피스텔은 취득세 4% 외에도 취득가액 0.2%의 농어촌특별세와 0.4%의 지방교육세도 내야 한다.

다음으로 부가가치세의 경우, 분양사업자가 분양을 원하는 사람에게 오피스텔을 분양할 때 이미 건물공급가액의 10%만큼 부가가치세가 포함되어 있다. 이후 분양을 받은 사람이 임대사업자로 등록하고 환급 신청을 하면 부가가치세를 환급받을 수 있다. 부가가치세 환급에는 다음과 같은 절차가 있다.

(1) 임대사업자로 등록한다

부가가치세 환급을 위해서는 반드시 임대사업자로 등록해야 한다. 이때 일반과세사업자로 신청해야 한다. 또한, 사업자등록은 계약 때 하는 것이 가장 좋다. 세법상으로는 과세 기간이 종료되는 날로부터 20일 내에 임대사업자로 등록하면 그 이전에 발생한 세금계산서의 매입세액을 큰 문제없이 환급받을 수 있다. 그래도 별 탈 없이 부가가치세를 환급받고 싶다면 가능하면 계약하자마자 등록하는 것을 추천한다. 그래야 별문제 없이 부가가치세를 환급받을 수 있다. 보통 10년 이상 사업자로 등록되어 있어야 한다.

(2) 조기환급신고를 이용한다

부가가치세를 빨리 환급받고 싶다면, 조기에 환급 신고를 하면 좋다. 이때 매월 말일자로 세금계산서를 마감해야 한다. 이를 '조기 환급 신고'로 부르는데, 그달이나 2~3개월치를 모아서 신고할 수 있다. 세금계산서를 발행한 다음 달 25일까지 접수가 가능하다. 조기 환급 신고를 하면, 신고 기한이 지난 후 15일 내에 부가가치세가 환급된다. 부가가치세 신고서와 감가상각자산취득명세를 작성한 다음, 우편, 국세청 홈택스hometax를 통해서 접수하거나 관할 기관을 방문하여 접수하면 된다.

2) 보유 단계

오피스텔을 산 다음, 갖고 있을 때도 여러 세금 문제와 맞닥뜨릴 수 있다. 대표적으로 임대료의 부가가치세와 임대소득세다. 어떻게 임대했느냐에 따라 해결 방법이 달라진다.

(1) 업무용으로 임대한 경우

먼저 일반과세사업자로 사업자등록을 한 상태여야 한다. 업무용으로 임대한 경우, 부가가치세 10%를 포함하여 세금계산서가 발생한다. 6개월마다 부가가치세를 신고하고 납부하면 된다. 한편, 업무용 임대의 경우 임대보증금의 이자 2.5%에 해당하는 금액(이자 상당액 2.5%라고 말하기도 한다)에서 부가가치세 10%도 내야 한다. 임대소득세의 경우, 다음 해 5월에 종합소득세 신고를 하면 된다. 수입금액이 5억 원 이상인 경우 6월까지 가능하다.

(2) 주거용으로 임대한 경우

주거용의 경우, 주택임대에 해당하여 부가가치세가 발생하지 않는다. 다만, 주택임대소득에 관하여 종합소득세를 신고하고 납부해야 한다.

(3) 업무용을 주거용으로 바꿔 임대한 경우

업무용 오피스텔을 주거용으로 바꿔서 임대한 경우에는 세금과 관련하여 더욱 조심해야 한다. 업무용일 때 환급받은 부가가치세를 추징당할 수 있기 때문이다. 해결법 중 하나로 환급받은 부가가치세의 일부, 즉 10년 중에 잔여 기간에 해당하는 금액을 반납하는 방법이 있다. 만일 나중에 업무용으로 다시 바꿔서 재임대하면 반납한 부가가치세의 일부를 환급받을 수 있다. 주거용 오피스텔의 경우, 주택에 해당하여 임대소득이 2천만 원 이하면 비과세가 적용된다.

(4) 주거용에서 업무용으로 바꿔 임대한 경우

주거용에서 업무용으로 오피스텔이 전환되면 오피스텔은 과세 대상에서 면세 대상이 된다. 이 경우, 10년 중 업무용이었던 기간만큼 부가가치세를 환급받을 수 있다. 즉, 주거용일 때는 환급받지 못한 부가가치세를 돌려받는 셈이다.

3) 양도 단계

양도할 때는 양도소득세가 발생한다. 문제는 오피스텔의 경우 양도할 때 절차가 꽤 복잡한 편이다. 따라서 양도할 때는 주의를 기울이는 자세가 필요하다.

(1) 업무용 오피스텔을 팔 때

업무용 오피스텔은 부가가치세와 양도소득세가 모두 발생한다.

부가가치세의 경우, 건물공급가액의 10%에 해당하는 금액이 부가가치세로 적용된다. 따라서 토지공급가액, 건물공급가액, 그리고 부가가치세가 더해져 총 매매가액이 되는 것이다. 부가가치세는 매수자買收者, 즉 오피스텔을 사는 사람으로부터 받아 국가에 내야 하고, 매수자는 앞서 말했듯이 일반과세사업자로 등록하여 환급받을 수 있다. 한편, 포괄양수도계약을 맺으면 부가가치세 없이 거래할 수 있다. 포괄양수도계약이란 매도자賣渡者, 즉 오피스텔을 파는 사람과 매수자가 임대사업을 그대로 이전한다는 내용을 담은 계약을 말한다.

포괄양수도계약을 할 때는 주의할 점이 있다. 먼저 매도자는 일반과세사업자나 간이과세사업자에 해당돼야 한다. 그리고 매도자가 일반과세자면 매수자도 일반과세자이어야 한다. 매수자가 간이과세자여도 큰 문제는 없다. 일반과세자로 자동 변경되기 때문이다.

양도소득세의 경우, 양도차익에 대해 장기보유특별공제(3년 이상 갖고 있던 토지나 건물을 양도할 때 양도차익의 일정 비율만큼 공제해주는 제도)와 기본공제를 적용해 보유 기간에 따라 세율이 계산된다.

(2) 주거용 오피스텔을 팔 때

주거용 오피스텔은 업무용 오피스텔과는 달리 부가가치세 문제는 일어나지 않으나 상황에 따라 내야 할 양도소득세가 달라진다. 이를 유형별로 구분해봤다.

① 주거용 오피스텔 1채만 갖고 있는 경우

주거용 오피스텔은 주택으로 간주되어 2년 이상 보유할 경우 양도소득세의 비과세 혜택을 받을 수 있다. 다만, 비과세를 입증할 만한 서류를 구비해놓아야 한다.

② 주거용 오피스텔 1채와 주택 1채가 있는 경우

2주택에 관하여 비과세 혜택을 받을 수 있는지 확인하자. 이 경우, 새 주택을 취득한 날로부터 이전 주택을 3년 내에 처분하면 비과세를 적용받을 수 있다.

③ 다주택자인 경우

다주택자라면 임대주택사업자로 등록하면 거주용 주택에 대해 비과세 혜택을 받을 수 있다. 상황에 따라 다를 수 있으나 한마디로 요약하자면, 거주용 주택 외의 모든 주택에 임대주택사업자로 등록한 다음 거주용 주택을 팔면 비과세가 적용된다. 팔기 전에 이런저런 시도를 해볼 수도 있다. 먼저 오피스텔을 업무용으로 바꿔 사용하는 것이다. 이게 불가능하다면 주거용 오피스텔을 파는 것도 좋은 방법이다. 그러나 오피스텔 처분이 어렵다면 오피스텔에 주택임대사업자로 등록하여 비과세 혜택을 노려보는 것이 좋다. 여기서 주의할 점은 임대용 주택의 경우 5년 이상 의무적으로 임대해야 한다는 점이다.

6 부동산으로 한 달에 100만 원 버는 법

한 달에 100만 원의 고정 수익을 얻으려면 얼마나 투자해야 할까?

이러한 질문에 단정적으로 얼마를 투자해야 한다고 말하기는 어렵다. 어떤 방식으로 투자하느냐에 따라 수익형 투자에서 월 100만 원의 수익을 만들 수 있는 방법이 다양하기 때문이다.

다음은 한 달에 100만 원의 수익을 얻는 방법을 여러 유형을 예로 들어서 정리한 것이다. 월세가 50만 원인 경우는 두 곳 이상에 투자하여 수익을 얻는 것으로 생각하면 되겠다.

단위 : 원

① 총 투자금액

구분	대출 없음 월세 100만 원	대출 없음 월세 50만 원	대출 있음 월세 100만 원	대출 있음 월세 50만 원	비고
매매가격	200,000,000	120,000,000	200,000,000	120,000,000	월세에 따라 매매가격을 달리 정했다
필요경비 (등기비 등)	3,000,000	1,800,000	3,000,000	1,800,000	매입가의 약 1.5%
필요경비 (중개수수료)	1,200,000	720,000	1,200,000	720,000	중개수수료 매입가의 약 0.6%
총 투자금액	204,200,000	122,520,000	204,200,000	122,520,000	

② 실투자금액

구분	대출 없음 월세 100만 원	대출 없음 월세 50만 원	대출 있음 월세 100만 원	대출 있음 월세 50만 원	비고
총 투자금액	204,200,000	122,520,000	204,200,000	122,520,000	총 매입비용
대출금액	–	–	160,000,000	96,000,000	매매가의 80%
월세 보증금	10,000,000	10,000,000	10,000,000	10,000,000	
실투자금액	194,200,000	112,520,000	34,200,000	16,520,000	총 투자금액‒ 대출금액‒ 전세금액‒ 보증금

③ 월 수익과 비용

구분	대출 없음 월세 100만 원	대출 없음 월세 50만 원	대출 있음 월세 100만 원	대출 있음 월세 50만 원	비고
월 임대료	1,000,000	500,000	1,000,000	500,000	보증금 1천만 원 적용
월 대출이자	–	–	466,667	280,000	대출이자율 연간 3.5%÷12 개월

④ 연간 투자 수익률 산정

구분	대출 없음 월세 100만 원	대출 없음 월세 50만 원	대출 있음 월세 100만 원	대출 있음 월세 50만 원	비고
월 임대 수익	1,000,000	500,000	533,333	220,000	월 임대료- 월 대출이자
연간 임대 수익	12,000,000	6,000,000	6,400,000	2,640,000	월 임대 수익 ×12개월
연간 투자 수익률	6.18%	5.33%	18.71%	15.98%	매각 후 총 수익÷실투 자금액÷2년

⑤ 월 100만 원 수익을 만들기 위한 필요 자금

구분	대출 없음 월세 100만 원	대출 없음 월세 50만 원	대출 있음 월세 100만 원	대출 있음 월세 50만 원	비고
현재 상품 의 월 임대 수익	1,000,000	500,000	533,333	220,000	
현재 상품에 필요한 실투 자금	194,200,000	112,520,000	34,200,000	16,520,000	
월 100만 원 수익을 위한 필요 실투자금	194,200,000	225,040,000	68,400,000	82,600,000	

❶ 대출 없고, 월세가 100만 원인 상품

- 매매가격 : 2억 원
- 보증금 1천만 원에 월세 100만 원
- 대출 없음
- 실투자금 : 1억 9,420만 원
- 월 임대 수익 : 100만 원
- 연간 임대 수익 : 1,200만 원
- 연간 투자 수익률 : 6.18%
- 월 100만 원 임대 수익을 위해 필요한 투자금액 : 1억 9,420만 원

❷ 대출 없고, 월세가 50만 원인 상품

- 매매가격 : 1억 2천만 원
- 보증금 1천만 원에 월세 50만 원
- 대출 없음
- 실투자금 : 1억 1,252만 원
- 월 임대 수익 : 50만 원
- 연간 임대 수익 : 600만 원
- 연간 투자 수익률 : 5.33%
- 월 100만 원 임대 수익을 위해 필요한 투자금액 : 2억 2,504만 원
  (실투자금의 2배)

❸ 대출 있고, 월세가 100만 원인 상품

- 매매가격 : 2억 원
- 보증금 1천만 원에 월세 100만 원
- 대출금액 : 1억 6천만 원
- 실투자금 : 3,420만 원
- 월 임대 수익 : 53만 원
- 연간 임대 수익 : 640만 원
- 연간 투자 수익률 : 18.71%
- 월 100만 원 임대 수익을 위해 필요한 투자금액 : 6,840만 원
  (실투자금의 2배)

❹ 대출 있고, 월세가 100만 원인 상품

- 매매가격 : 1억 2천만 원
- 보증금 1천만 원에 월세 50만 원
- 대출금액 : 9,600만 원
- 실투자금 : 1,652만 원
- 월 임대 수익 : 22만 원
- 연간 임대 수익 : 264만 원
- 연간 투자 수익률 : 15.98%
- 월 100만 원 임대 수익을 위해 필요한 투자금액 : 8,260만 원
  (실투자금의 5배)

총 4가지 유형으로 월 100만 원의 임대 수익을 받기 위해 필요한 투자금액을 계산해보면 투자 기법과 상품에 따라 달라지는 것을 확인할 수 있다. 가장 좋은 방식을 금액 순위로 나타내면 '③→④→①→②' 순이다.

물론 이것이 꼭 정답은 아니다. 어느 입지가 좋은지 등, 실제 부동산에서 나타나는 다른 특징들을 뺐기 때문이다. 위의 예를 통해 기억해야 할 것은 어떻게 투자하느냐에 따라 목표하는 임대 수익금액을 위해 들어가는 실투자금액이 달라지고, 수익률이 높다고 수익금액이 큰 것은 아니라는 점이다.

책의 뒷부분에서도 나오겠지만, 수익과 수익률에 대한 개념이 서로 다르다는 점을 이해하는 것이 수익형 부동산 투자에서 매우 중요하다.

100법칙으로 알아보는
부동산 팔아야 할 때

앞에서 수익형 부동산에 72법칙을 적용하는 것에 대해 살펴보았다. 당연한 듯 생각하는 72법칙이 실제로 적용해보면 맞지 않는다는 점을 확인할 수 있었다. 따라서 100법칙이 좀 더 현실적인 방법이라고 정리하였다.

대부분의 수익형 부동산 광고에서는 단순히 수익률이 몇 퍼센트니 좋은 상품이라고 말한다. 하지만 부동산 투자자가 망설이는 부분은 따로 있다.

첫째는 수익성이다. 수익형 부동산에 투자하는 사람들은 수익형 부동산을 매입하면 일정 기간 동안 연금처럼 매달 꼬박꼬박 월세를 받기를 바란다. 또, 나중에 매도할 때도 어느 정도 시세차익을 얻고 매각할 수 있을까에 대한 기대감이 있다.

둘째는 정확한 매도 타이밍, 즉 적절한 부동산 판매 타이밍이다. 사실 매도 타이밍 잡는 것은 전문가도 굉장히 어려워하는 부분이다. 보통 매도 타이밍을 이야기할 때 전문가라도 두루뭉술하게 이야기하는 편이다. 하지만 수익형 부동산의 경우 100법칙을 통해 수익성을 고려하여 좀 더 정확하게 매도 타이밍을 잡을 수 있다.

그렇다면 100법칙으로 매도 타이밍을 어떻게 잡을 수 있을까?

100법칙을 쓸 경우 우선 수익형 부동산에 대한 한계를 인식하고 접근해야 한다. 수익형 부동산은 시세차익형 부동산에 비해서 기본적으로 가치 상승 폭이 작다. 위험도가 높은 물건일수록 높은 수익을 얻을 수 있다는 법칙과는 반대로 위험도가 낮을수록 수익이 적은 상품이라는 점을 받아들여야 한다. 그러므로 수익형 부동산 상품 자체는 시세차익을 얻을 수 있는 가능성이 다른 상품보다 낮다. 수익형과 시세차익형 모두 가능한 상품은 역세권 소형 아파트 정도며, 오피스텔이나 도시형 생활주택은 역세권에 위치했어도 아파트에 비해 시세 상승률이 낮다고 이해하면 된다.

결국, 수익형 부동산은 시세차익형 부동산 상품에 비해서 수익률이 낮기 때문에 수익에 대한 욕심을 조금 버려야 한다.

예를 들면, 매매가가 1억 5천만 원인 역세권 A오피스텔이 있다고 치자. 월세는 보증금 1천만 원, 월세는 100만 원 정도로 아주 좋은 상품이다. 대출 없이 매입한다고 했을 때, 실투자금은 1억 2천만 원이고, 연간 투자 수익률은 10%이다.

이때 100법칙을 적용하면 '100÷10=10', 즉 10년으로 계산된다. 실투자금 1억 2천만 원으로 A오피스텔을 매입하면 10년 후에 월세 수익으로 100% 수익률을 달성할 수 있는 것이다. 하지만 10년이 지난 뒤에 A오피스텔은 감가상각減價償却, 즉 가치가 떨어질 수 있다. 또, 매매 수요가 많지 않은 오피스텔 특성상 10년 전 가격인 1억 5천만 원에 대비하여 시세 변동이 없거나 오히려 시세가 떨어질 가능성이 많다.

A오피스텔을 매입하고 10년 뒤의 상황을 가정해보면, 시세는 1억 2천만 원, 수익률은 (중간에 월세를 받아서 이미 다 써버렸지만) 어찌됐든 수치로는 100%라고 계산해볼 수 있다. 그런데 이때 A오피스텔을 시세 1억 2천만 원보다 비싸게 팔 수 있을까? 또는 시세 1억 2천만 원에라도 팔 수 있을까?

정해진 답은 없지만 대부분 '아니오'라고 답할 것이다. 그 시세보다 저렴하게 내놓아야 빨리 팔 수 있다. 왜냐하면 비슷한 물건이 매물로 이미 많이 나왔을 것이고, 가치 상승이 낮고 월세만 받을 수 있는 수익형 부동산 특성상 매매 수요가 많지 않을 것이기 때문이다. 따라서 1억 원으로 내놔야 단기간 내 매각이 이뤄질 수 있을 것이다. 1억 원에 매각하면 실투자금 1억 2천만 원 대비 수익이 약 83.3% 수준이다.

결국 100법칙을 통해 10년 뒤 월세로 원금을 회수한 다음 매각한다고 치면, 월세 수익률 100%에 매각 수익률 83.3%을 더해 총 수익률이 183.3%로 계산되고, 이것을 10년으로 나누면 약 18.3%의 연간 수익률이 나온다.

언뜻 수치로는 나쁘지 않아 보인다. 하지만 월세를 받고 모두 쓴 상황에서 10년 뒤 매각한다고 하면, 본인에게 돌아올 금액은 처음

부동산을 샀을 때보다 훨씬 적을 수밖에 없다. 분명히 원금을 월세로 회수했지만, 지금 수중에 돈이 없으니 수익으로 생각하지 못한다. 그래서 초보자들은 이 경우 흔히 손해를 봤다고 생각하는데, 이는 잘못된 생각이다.

그렇다면 매도 타이밍을 어떻게 잡을 수 있을까?

먼저 매입 이후 1년 뒤부터 100법칙을 통해 원금을 모두 회수할 수 있는 기간까지 단계별로 수익률을 계산해서 정리해야 한다. 또, 매각 수익도 포함하여 매각 시점 년도에서 1년 단위로 수익률 또는 총 수익금액을 계산해봐야 한다.

갭투자도 사실 원금의 2배 정도 벌면 성공이라고 한다. 이를 위해서는 대략 3~4년 정도 걸린다. 반면, 수익형 부동산은 원금의 2배 정도 버는 것이 솔직히 힘들다. 178~180% 수준이면 성공한 셈이다. 따라서 이 기준에서 욕심을 낼지 또는 마음을 비울지를 판단해야 한다.

그러므로 투자 검토 과정에서 철저히 수익률을 계산해보고 목표 수익률을 달성하는 시점에서는 과감하게 매각하는 것이 좋다. 그래야 부동산 때문에 스트레스를 받지 않는다.

5

돈이 되는
수익형 부동산
투자 지역

누구나 탐내는 곳, 신도시 지역

신도시 지역은 누구나 탐낼 만큼 매력적인 투자 지역 중 하나다. 여기서는 그중 수도권으로 한정하여 투자할 만한 가치가 있는 곳을 선별하였다. 어느 곳이든 마찬가지겠지만, 신도시 지역을 투자할 때는 교통을 중점적으로 살펴봐야 한다. 주로 서울로의 접근이 쉬워야 하며, 이를 위해 도로가 개발되거나 지하철역, 기차역이 들어서는 곳이 좋다.

예를 들면, 다산신도시의 경우 8호선 진건역이 들어설 예정으로 개통만 되면 강남의 주요 역을 30분 이내에 접근할 수 있다. 또, 동탄2신도시의 경우에도 KTX(고속철도)와 SRT(수서발고속철도)가 개통되면서 교통이 더욱 편리해졌다. 서울로의 출퇴근이 편해지면서 부동산 값도 지속적으로 오르는 모양새다. 이 점을 유의하여 신도시 지역을 꼼꼼히 살펴보자.

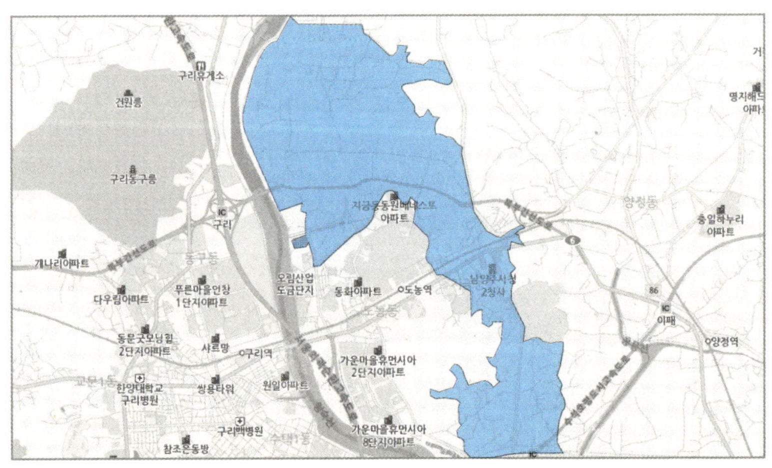

출처 : 온나라부동산정보 통합포털

　　다산신도시는 보금자리주택사업으로 남양주 진건읍과 도농동, 지금동 일원에 조성되고 있는 신도시다. 크게 다산진건지구와 다산지금지구로 나눠서 개발되고 있으며, 수용 인구는 다산진건지구의 경우 약 4만 9천 명, 다산지금지구의 경우 약 3만 7천 명으로 합하면 약 8만 6천 명 정도다. 주택 공급수는 다산진건지구가 1만 8,218세대, 다산지금지구가 1만 3,674세대로 전체 약 3만 2천 세대 수준이다. 현재 구역별로 공사가 한창 진행 중이며 사업 기간은 2018년 6월까지로 되어 있으나, 사업 완료 시점은 좀 더 늦춰질 것으로 보인다.

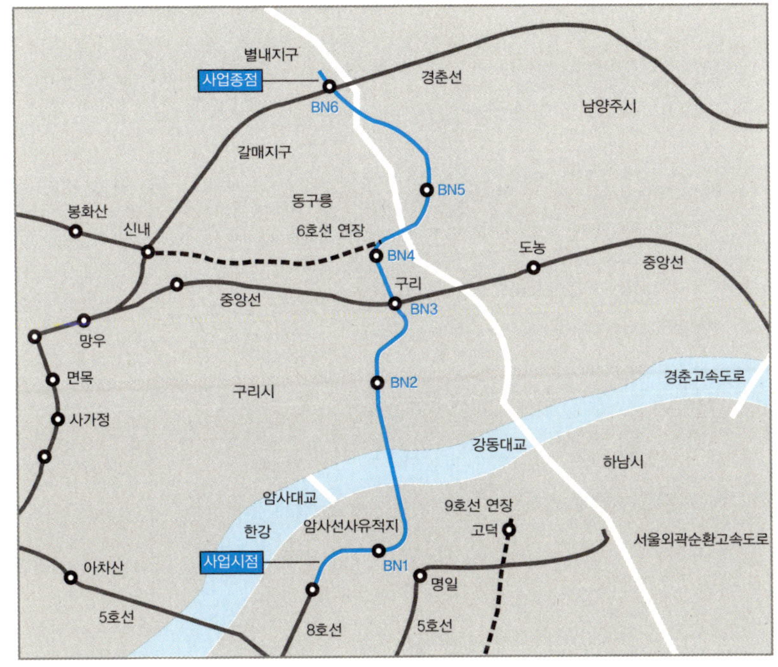

출처 : 국토교통부

투자할 만한 이유 1 공공택지로서 분양가 상한제가 적용되는 곳

이명박 정부 이후에 본격적으로 개발되었던 보금자리주택지구는 공공택지로서 분양가 상한제 적용을 받는다. 박근혜 정부에서 민간택지에만 분양가 상한제를 폐지했기 때문이다. 다산신도시 지역은 공공택지여서인지 몰라도 아파트 청약 시 평당 1,100만 원 내외였던 아파트 가격이 청약 이후 높은 프리미엄을 형성하여 현재 평당 1,500만 원까지 올랐다. 부동산 투자에서 또 하나의 로또로 불릴 정도였다. 다만, 초기 청약 이후 많은 투자자들이 아파트를 매수했다가 준공 전 공급이 많아지면

서 현재 가격이 주춤한 상황이다.

  8호선 진건역으로 더욱 좋아질 강남 접근성

다산신도시에 많은 투자자들이 몰린 이유 중 하나는 강남으로 접근하기 쉬운 위치에 있기 때문이다. 그런데 여기에 8호선이 암사역에서 별내역까지 연장되면서 투자자가 이곳에 더욱 몰렸다. 8호선이 연장되면서 다산진건지구에 진건역이 신설되기 때문이다.

진건역이 들어서면 삼성역과 강남역 등 강남 주요 역을 30분 이내로 접근할 수 있기 때문에 직주근접이 우수한 지역으로서 다산신도시에 대한 수요가 증가할 것으로 보인다. 진건역은 2022년 계통 예정이며, 아직 5년 정도 시간이 남아 있어서 개통 시점까지 부동산 가격이 상승할 것으로 예측된다.

오피스텔의 경우 진건역 주변에 많은 공급이 이뤄질 것으로 예상된다. 특히 1~2인 가구에게 인기가 높을 것으로 보여 수익형 부동산 투자로서는 강남 못지않은 안정적인 투자처가 될 것으로 전망된다. 또, 상권도 현재는 조성되지 않았지만, 개통 시점에 맞춰 진건역 상권이 핵심 상권으로 부상할 것으로 보인다.

2) 화성 동탄 2 신도시

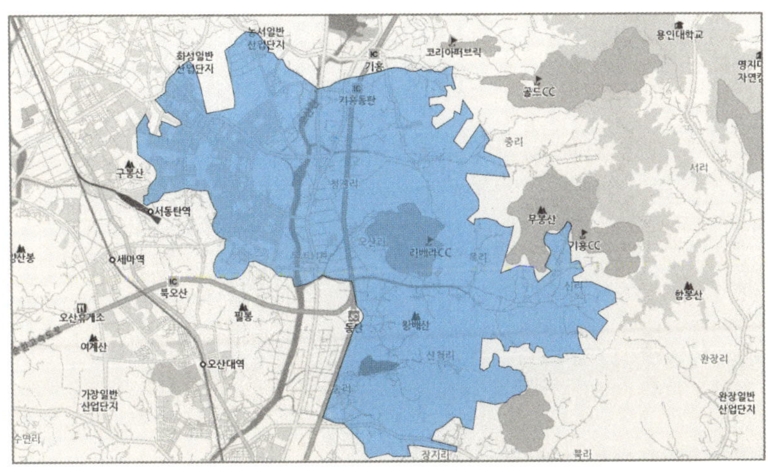

출처 : 온나라부동산정보 통합포털

동탄2신도시는 수도권 주택난 해소를 위해 개발된 도시로 수도권 외곽의 중핵 역할을 하는 거점 도시다. 수도권 균형 발전을 유도하기 위해 만들어진 동탄2신도시는 균형 발전은 물론 첨단 산업과 주거, 교육, 문화, 비즈니스 등 자족 기능을 갖춘 도시로 개발되었다. 동탄2신도시의 수용 인구는 약 28만 6천 명이며 약 11만 6천 호의 주택이 공급될 예정이다. 동탄2시도시는 리베라CC를 중심으로 남동탄과 북동탄으로 구분된다. 이 중 입지로 비교하면 시범단지와 동탄역이 위치한 남동탄이 북동탄에 비해 선호도가 높다.

동탄신도시는 수용인구 28만 6천 명의 동탄2신도시와 12만 6천 명의 동탄1신도시를 합치면 인구 41만 명의 거대한 신도시가 된다. 가히 매머드급이라고 불려도 될 만큼 거대한 신도시가 수도권에 들어서는 것이다. 이를 증명하듯, 이미 백화점이 개발되고 있으며, 동탄역을 중심으로 대형 상권이 조성되고 있다.

또한, 동탄테크노밸리가 함께 개발되고 있어 자족 기능을 갖춘 신도시로서 성장할 것으로 전망되며, 발전 가능성이 매우 높다. 이미 동탄2신도시 아파트는 높은 청약율과 함께 프리미엄이 형성되고 있다. 이에 따라 가격 상승에 대한 기대감은 한동안 지속될 것으로 보인다.

동탄 지역에 KTX와 SRT가 개통된 이후 동탄2신도시 거주자의 강남 출퇴근이 매우 편리해졌다. 이 때문에 사람들의 만족도가 높아지면서 부동산 가격이 지속적으로 상승하는 모양새다. 더욱이 GTX(수도권광역급행철도)가 2023년쯤에 일산까지 개통되면 동탄2신도시의 가치는 더욱더 높아질 것으로 보인다. 동탄역의 경우, 수도권 남부의 복합단지 상권과 함께 직주근접 기능을 갖춘 광역 역세권으로 평가받고 있다. 이러한 초역세권에 있는 오피스텔 또한 인기가 급상승 중이다.

한편, 서하남에서 세종시까지 연결되는 제2경부고속도로가 개통되면 동탄2신도시의 서울 접근성이 더욱 좋아져 부동산 가격이 상승할 것으로 보인다. 또한, 한때 정치적 이슈로 언급되어 '정치

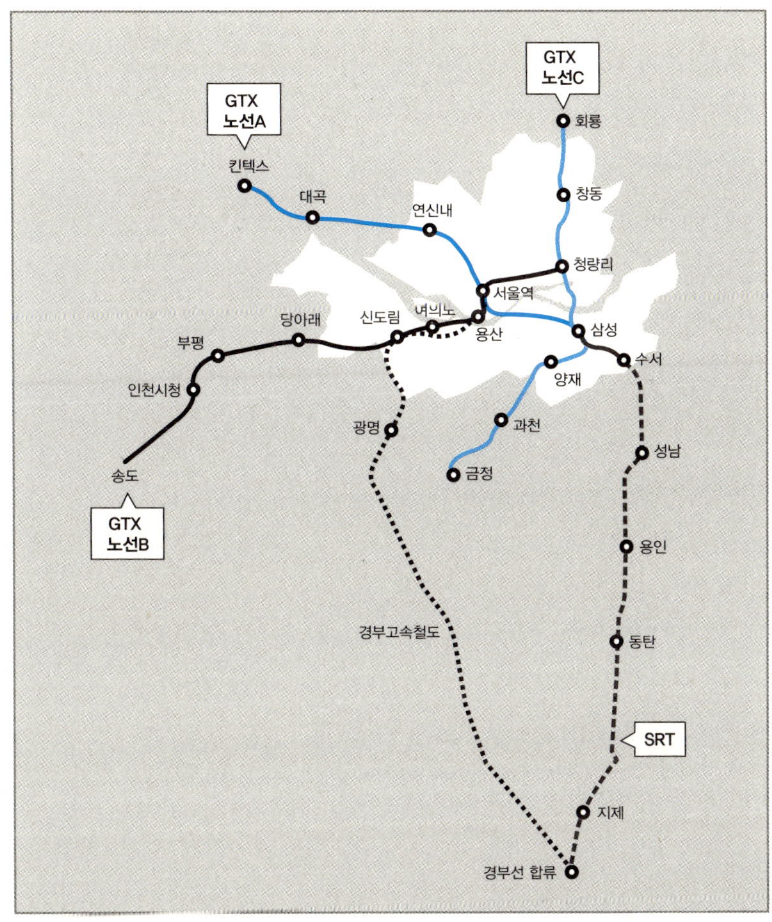

출처 : 국토교통부 웹사이트(www.molit.go.kr)

철'이라고 불리는 동탄-인덕원선도 사업 추진 중에 있어 동탄2신도시가 사통팔달 교통의 중심지로 거듭날 것으로 전망된다. 부동산 투자의 최적 입지로서 동탄2신도시의 인기는 한동안 지속될 것이다.

3) 인천 송도신도시

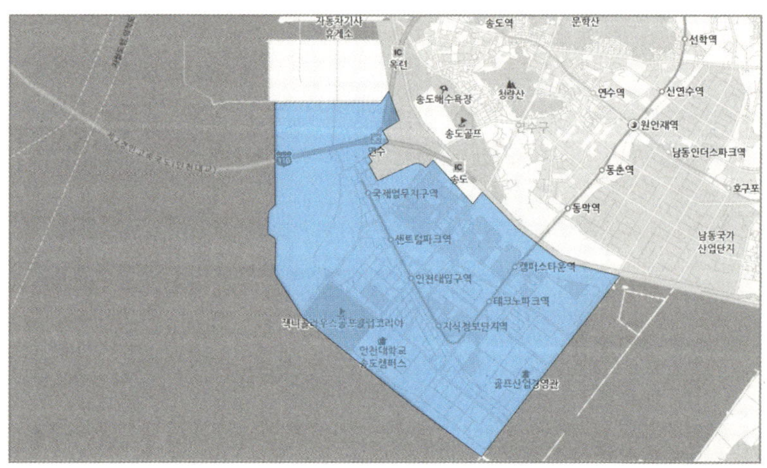

출처 : 온나라부동산정보 통합포털

　인천에 위치한 송도신도시는 2003년 송도, 영종, 청라 3개 지역이 인천경제자유구역으로 지정되면서 국제 비즈니스 중심 도시를 목표로 조성되었다. 송도신도시는 경인고속도로, 제2경인고속도로, 서해안고속도로 등 고속도로가 가까워 서울, 부천, 수원 등에 1시간 내로 접근할 수 있다. 그러나 아직까지 철도를 통한 서울 접근이 불편하여, 서울 인구를 유입하는 데 한계가 있다. 하지만 송도와 서울을 연결하는 GTX B노선이 2025년 전후로 개통되면 송도신도시 위상은 지금보다 훨씬 높아질 것으로 보인다.

　약 25만 9천 명의 인구 수용 계획을 세운 송도신도시에서는 이미 10만 명의 사람들이 살고 있다. 앞으로도 인구 증가는 계속될 전망이다. 송도신도시 거주자에 대한 연구나 조사 자료를 보면 현재 송도에서는 40대 인구의 거주 비율이 높은 것으로 나타났다. 하지만 GTX가 개통되고 중심 상업 시설이 개발되며 국내외 대학의 분교가 개교하면 향후 20~30대의 수요가 늘어날 것으로 예측된다.

투자할 만한 이유 1 대규모 업무지구 및 풍부한 기반시설

인천에 사는 사람들이 가장 살고 싶어 하는 곳으로 송도신도시를 꼽는다는 말이 있다. 계획도시로 개발된 송도신도시는 마치 외국에 있는 듯한 느낌을 준다. 2000년대 중반부터 개발이 시작된 송도신도시는 아직까지 도시가 개발되고 있는 중이다. 최근 5년 사이에 주요 아파트의 입주가 시작되면서 여러 기업이 송도신도시로 옮겨 왔다. 이로써 자족 기능을 갖추게 되었다.

또한, 쇼핑몰과 백화점이 들어서면서 여가 및 문화 생활도 편리해졌다. 송도신도시의 아파트 가격이 계속 상승하는 것도 바로 이러한 이유 때문으로 보인다. GTX 개통을 비롯하여 다양한 기반시설들이 들어설 예정으로 20~30대의 수요가 계속 늘어날 것으로 전망된다.

투자할 만한 이유 2 GTX와 KTX 개통으로 더욱 편리해진 교통

GTX B노선이 개통되면 송도신도시에서 서울로 30분 내에 진입할 수 있다. 이처럼 혁신적인 교통수단임이 틀림없지만, A노선과 달리 B노선은 아직까지 사업을 확정하지 못한 상태다. 인천시를 비롯한 여러 관계자들은 B노선 추진을 위해 노력하고 있다. 문재인 대통령이 대선후보 시절 내세운 공약대로라면 앞으로 GTX B노선 사업이 진행될 가능성이 높은 편이다.

송도신도시에 GTX가 개통되려면 최소 2025년이 되어야 하지만, 우선 개발이 확정되고 착공이 진행되면 투자와 임대 수요가 크게 늘어날 것이다. 현재 송도신도시 내 GTX역은 확정 발표되지 않았으나, 언론에서는 GTX B노선을 표시한 지도를 보면 동북아트레이드센터 쪽일 가능성이 높다고 봤다. 송도신도시에서 일하는 공인중개사들도 비슷한 답을 내놓은 것으로 봐서 이 지역을 중심으로 상권이 형성될 것으로 보인다.

또한, 송도신도시에 위치하지는 않지만, 인천시는 수인선 송도역에 KTX역 개통을 추진하고 있다. 그렇게 된다면 송도신도시에서 차로 10분 거리에 KTX역이 생기기 때문에 서울, 부산, 광주 등 전국으로의 광역 접근성이 매우 우수해진다. 결국 이러한 호재들로 사람들이 유입되면 송도신도시 수익형 부동산 상품의 가치는 더욱 높아질 것이다.

4) 하남 미사강변도시

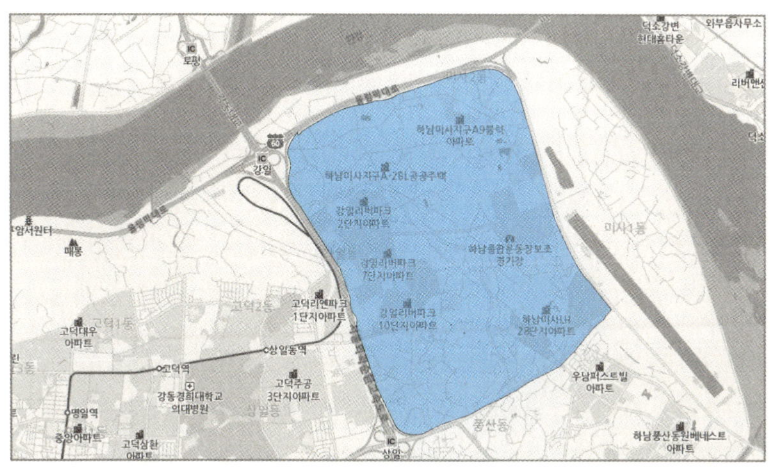

출처 : 온나라부동산정보 통합포털

　미사강변도시는 그린벨트를 해제하여 조성한 보금자리주택 시범지구로 하남시에 위치해 있다. 서울 도심으로부터 12~18킬로미터 내에 있어 서울로의 접근성이 우수한 편이다. 또한, 춘천고속도로, 서울외곽순환고속도로, 올림픽대로, 강동대교 등이 가깝다. 한편, 지하철 5호선이 연장되면서 미사강변도시 내에 지하철역이 들어설 전망이다. 미사강변도시는 보금자리주택 시범지구이기 때문에 민간분양보다 공공분양 및 임대주택을 중심으로 주택을 공급했다. 약 9만 5천여 명 인구 수용을 목표로 하는 미사강변도시에서는 현재 약 2만 6천 세대 정도 주택 공급이 이뤄졌다.

투자할 만한 이유 1 　서울권 신도시라는 장점

　미사강변도시는 서울시 동남부의 끝자락에 위치한 상일동역에서 차로 1분 거리에 위치해 있다. 상일동역은 고덕주공아파트 단지가 있는 곳이다. 외곽순환도로가 서울시와 하남시의 경계를 짓고 있는 셈이다. 실제로 미사강변도시를 가보면 하남시라는 생각보다는 서울의 끝 정도라고 느껴진다. 이러한 입지 장점으로 미사강변도시는 서울권 신도시라는 위상을 갖게 되었고, 서울 도심에 사는 사람들을 유입하는 효과를 불러왔다. 현재 아파트 분양권 가격이 주춤하지만 분양 초기 평당 1,200만 원대 중반이었던 가격이 현재 1,700만 원 내외를 형성하고 있다. 32평 기준으로 최소 1억 이상의 프리미엄이 형성된 것이다. 가격이 오른 것에서 알 수 있듯, 투자 수요든 실수요든 많은 사람들이 미사강변도시에 관심을 갖고 있다는 것을 파악할 수 있다.

　미사강변도시는 아직까지도 개발 중에 있으며, 앞으로 5년이 지난 2022~2023년에 도시가 완성될 전망이다. 특히 상일동 지역에 있는 인구 2만 명의 업무지구와 함께 대규모 업무단지를 갖춘 고덕강일지구가 2020년까지 개발되면 미사강변도시는 직주근접 기능이 갖춘 도시로서 위상이 높아질 것이다.

투자할 만한 이유 2 　5호선 미사역과 9호선 연장이 주는 기대감

　미사강변도시는 현재 5호선 상일역에서 연장 개통이 확정되어 지하철역 공사가 진행되고 있다. 역명은 미사역이 될 가능성이 높으며, 미사역이 개통되면 5호선이 상일역에서 강일역을 지나 미사역까지 이어지게 된다. 미사역의 위치는 미사강변도시의

중심 상업 지역으로, 현장에 가보면 주변 주거단지에서 도보로 이동하기에는 조금 거리가 있다. 반면, 미사역 주변의 상가나 오피스텔은 초역세권 효과로 수요가 몰릴 것으로 예상된다.

수원 당수지구

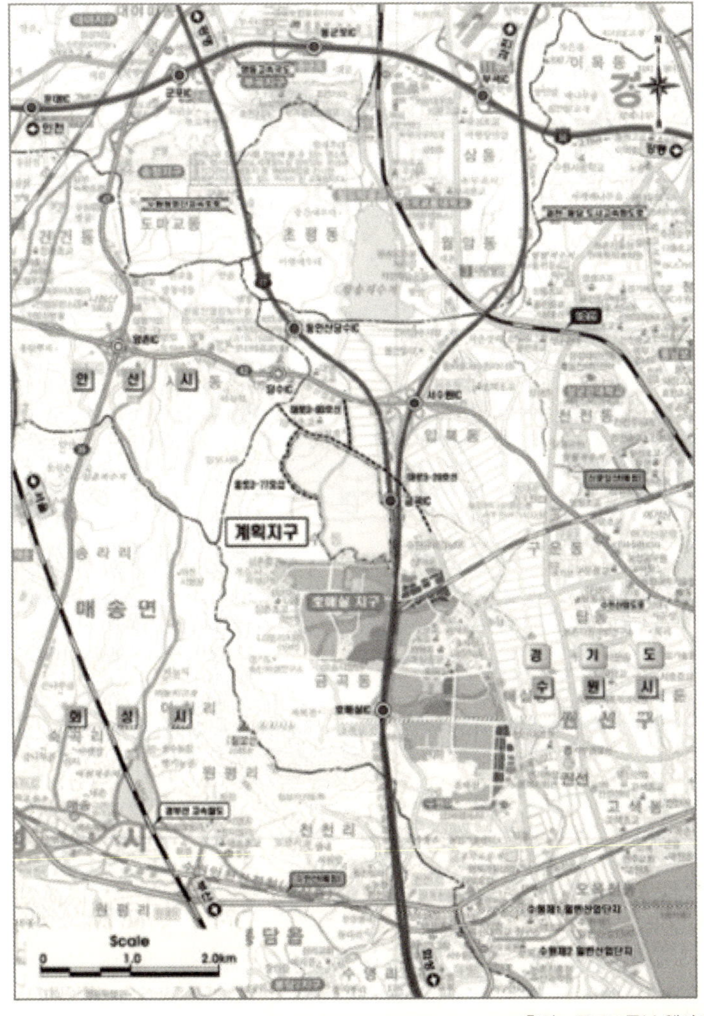

출처 : 국토교통부 웹사이트

또한, 현재 연장 논의가 진행 중인 9호선 4단계 노선이 확정
되면, 5호선 고덕역은 9호선이 이어지면서 환승역으로 탈바꿈
한다. 연장이 확정되면 5호선 미사역에서 3정거장 뒤에 9호선
이 있는 셈이라 강남으로의 접근성이 매우 좋아질 것으로 보인
다. 현재 5호선 미사역 개통은 확정되었으나, 아직 9호선 고덕
역 개통은 확정되지 않았다. 개인적으로 시간이 다소 걸리겠지
만, 고덕역도 결국 개통될 것으로 예상한다. 다만, 2025년 정도
까지는 시간이 필요할 것이다.

5) 수원 호매실지구

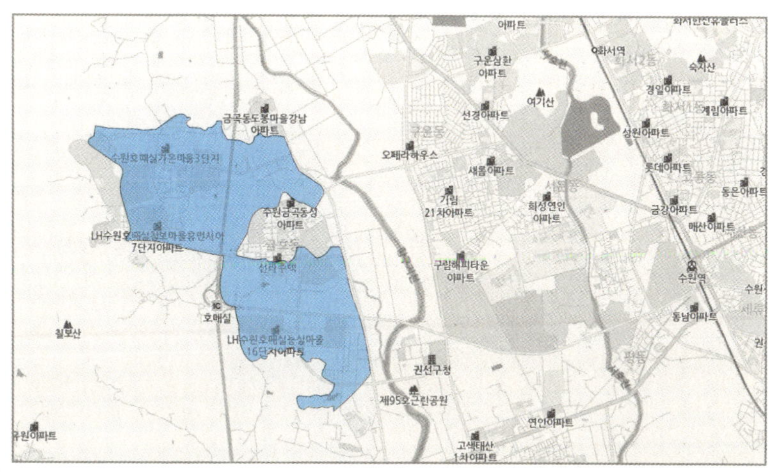

출처 : 온나라부동산정보 통합포털

서수원 지역에 위치한 호매실지구는 약 2만 세대 규모로서 인구 규모에 비해 택지지구 규모가 큰 편이다. 서수원은 그동안 도로를 통한 교통 여건은 좋지만, 지하철역이 없어 저평가되어 왔다. 그렇게 신분당선을 연장하자는 논의가 이어졌고, 최근 호매실지구와 인접한 당수지구의 개발 확정으로 호매실지구에 신분당선이 연장될 가능성이 높아졌다. 7천 세대 규모의 당수지구가 개발되면 호매실지구와 함께 2만 7천 세대 규모로서 미니 신도시급으로 위상이 높아질 전망이다. 또한, 서수원 지역의 새로운 중심지로서 각광 받을 것으로 보인다.

호매실지구는 사실 썩 좋은 곳에 위치해 있지 않다. 서수원이라고는 하지만, 사실상 수원 서쪽 끝에 자리했기 때문이다. 물론 수원 도심하고는 대중교통으로 편하게 드나들 수 있다. 호매실지구에 사는 지인의 말로는 택지지구로 개발되었기 때문에 살기에는 좋은 편이라고 한다. 근처에 대형마트인 홈플러스도 있어 장 보는 것도 편리하다고 덧붙였다. 다만, 상권이 아직 제대로 형성되지 않았다는 점과 서울로 출퇴근할 때 대중교통으로는 불편하다는 점을 단점으로 꼽았다.

현재도 호매실지구는 한창 개발 중이다. 여기에 최근 호매실과 인접한 당수지구 개발이 확정되었다. 한때 당수지구의 명칭을 호매실2지구로 변경하려 한다는 기사가 나왔지만 확정된 것은 없다.

호매실지구는 보금자리주택지구로 개발돼서 규모가 그리 크지 않고, LH아파트가 많은 지역이다. 따라서 중서민층이 많이 거주하고 있다. 아파트 가격도 평당 1천만 원 내외 수준이다. 그런데 당수지구가 개발되면 약 2만 7천 세대 규모로 도시가 커진다. 그렇게 되면 기반시설에 대한 투자도 늘어나 지금보다 훨씬 살기 좋아질 것으로 전망된다.

최근 개통한 광명-봉담간 고속도로를 통해 호매실에서 광명까지 차로 20분대에 접근할 수 있게 되었다. 이처럼 앞으로 주변 여건이 좋아지면 사람들이 호매실지구로 모여들 것으로 예상된다.

호매실지구의 위상이 높아지려면 신분당선 연장이 가장 중요하다. 2017년에 들어서만 신분당선 연장에 대한 부정적 기사와 긍정적 기사가 여러 차례 나왔다. 그러나 가장 최근 기사에서는 당수지구 개발에 따라 신분당선이 연장될 수 있다는 기대를 드러냈다. 또한, 국토교통부에서는 신분당선 연장에 대한 의지가 높고, 문재인 정부에서도 공약으로 경기도 외곽의 교통노선을 개선하겠다고 밝혔다. 때문에 호매실지구에 사는 사람들의 기대감이 매우 높다.

호매실역의 위치는 홈플러스 사거리로 확정되었으며, 주변 상업지역에서는 근린상가와 오피스텔 개발이 한창 진행 중이다. 부동산을 오랫동안 하다 보니 감이라는 게 생겼는데, 전반적인 분위기나 개발 관련 기사를 살펴보면 조만간 신분당선 연장 확정이라는 기사가 나올 것으로 보인다.

갔던 길도 돌아보자, 도심 재개발 지역

　도심 재개발 지역은 말 그대로 도심에서 이뤄진 재개발 지역을 이르는 말이다. 여기서 소개하는 재개발 지역 중 일부는 잠시 재개발 사업이 중단되었다가 다시 공사를 재개한 곳이다.

　재개발 지역은 그동안 '낙후한 곳'이라는 이미지가 강했다. 때문에 투자자들이 선뜻 손을 대기가 쉽지 않았다. 특히 재개발 사업이 중단된 곳의 경우, 부동산 투자 가치가 떨어졌다고 평가하는 이들도 많았다. 그러나 서울의 경우 최근 10년 전 뉴타운으로 지정된 곳들에 본격적인 개발이 추진되고 있다. 또한, 재개발 사업이 중단된 동안 지하철역이 들어서거나 교통 환경이 개선되어 투자 가치가 오히려 올라간 곳도 있다. 이러한 지역을 꼼꼼히 살펴 투자한다면 많은 수익을 얻을 수 있을 것이다.

1) 서울 거여·마천뉴타운

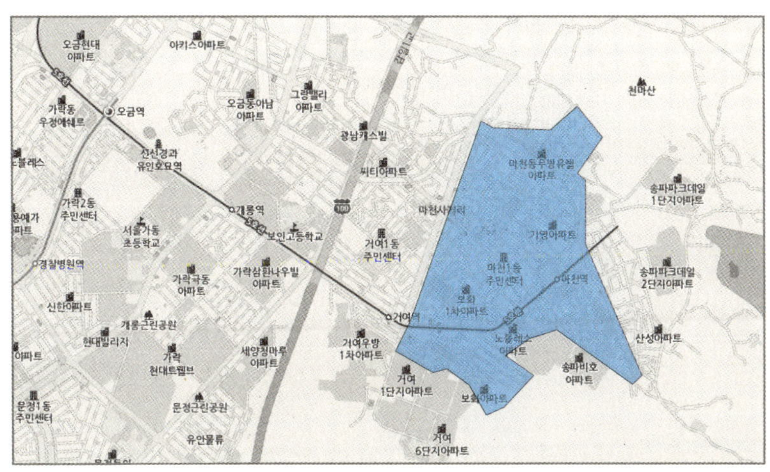

출처 : 온나라부동산정보 통합포털

거여·마천뉴타운은 뉴타운 지정 이후 10년이 흘렀지만 아직까지 이렇다 할 사업성과가 나타나지 않은 곳이다. 뉴타운 지정 초기에 투자했던 사람들은 마음고생이 심했을 것이다. 심지어 우스갯소리로 이곳이 고향이 되어버렸다는 사람도 있었다. 재개발구역으로 지정된 곳 중에서 일부는 구역 해제가 되었고, 일부는 새로운 공간으로 탈바꿈하기 위해 열심히 사업이 진행되고 있다. 기여·미친 지역은 입지로는 송파구에 속하지만 5호선 끝자락에 위치해 있어 상대적으로 거리감이 느껴지는 곳이었다. 교통도 그리 편리하지 못했다. 또한, 사회문제로 지적된 피라미드 대학생의 주요 거주지로 각인되며, 거마대학생(2011년 불법 다단계 피해를 본 대학생을 의미하며, 당시 거여동과 마천동에서 합숙하며 불법 다단계 일을 했다)이라는 말이 나올 정도로 지역 이미지가 상당히 나빠졌다.

그러나 최근 이곳과 인접한 위례신도시 지역 사이에 도로가 연결되면서 강남으로의 접근이 편해졌다. 또한, 재개발을 통해 대규모 아파트단지로 탈바꿈할 예정에 있어 거여역과 마천역을 중심으로 투자자들의 관심이 높아지고 있다.

투자할 만한 이유 1   **뉴타운 개발에 따른 가치 상승**

이명박 전 대통령이 서울시장으로 있던 2000년대 중반, 당시 뉴

거여 · 마천뉴타운 구역별 추진 현황

출처 : 송파구청 웹사이트(www.songpa.go.kr)

타운으로 지정된 거여·마천 지역은 투자 전문가라고 하는 사람들도 많이 투자하던 곳이었다. 그러나 2008년 말 세계 금융 위기 이후 부동산 시장이 침체하면서 전문가라는 사람들도 줄줄이 투자에 실패했다. 내 주변 지인들도 마음고생이 이만저만 아니었다. 10년간 암흑에 가까운 시절을 보낸 이 지역은 최근 빛을 보고 있다. 거여·마천뉴타운 지역뿐만 아니라, 2000년대 중반 뉴타운으로 지정된 많은 서울의 재개발 구역이 10년이 지나서 본격적으로 개발되기 시작한 것이다. 물론 그 사이 사업 추진이 어려운 곳은 구역 해제를 통해 정리되었다.

거여·마천 지역은 입지로는 송파구에 있으나 딱히 송파구라는 느낌이 들지 않는다. 게다가 거마대학생 사건 이후 사람들 사이에 음침한 곳으로 인식되고 있다. 뉴타운 개발이 본격적으로 시작되면, 5년 내에 상전벽해 수준으로 이 지역이 크게 바뀔 것으로 전망된다. 이러한 기대감을 갖고 이미 많은 투자자들이 최근 1년 사이에 거여·마천뉴타운을 찾고 있다. 또한, 개발이 진행되면 송파구라는 위치는 큰 장점이 될 것으로 보인다. 5년 뒤가 기대되는 거여·마천뉴타운 지역에 사람들이 모이는 것은 당연한 이치가 아닐까 생각한다.

투자할 만한 이유 2 **9호선 연장 개통과 가까워진 SRT 수서역**

거여·마천뉴타운 지역이 그동안 저평가됐던 이유 중 하나는 송파구에 있지만, 강남으로 접근하기가 불편했다는 점이다. 그런데 2018년이 되면 교통 환경이 크게 개선될 것으로 보인다.

먼저 9호선 연장 개통에 따라 9호선 올림픽공원역이 신설될 예정이다. 현재 5호선은 강동역에서 상일동행 노선과 마천행 노선으로 갈라져 비교적 이용이 불편하다. 물론 거여역에서 2정거장 이동해서 오금역에서 3호선으로 갈아타는 방법도 있지만, 강남에 가기까지 꽤 많은 시간이 걸린다. 그런데 9호선 3단계 연장 노선이 2018년 말에 개통되면 강남으로의 접근성이 매우 좋아지고, 이 때문에 부동산 가격이 크게 오를 것으로 보인다.

그다음은 북위례 지역과의 도로 연결이다. 현재는 거여역에서 수서역까지 차로 15~20분 정도 소요된다. 그런데 북위례 지역과 도로가 연결되면 차로 10분 정도면 갈 수 있다. 문정지구로의 접근도 편해질 것으로 보인다. 또한, 향후 신사-위례선 지하철이 개통되면 거여 · 마천뉴타운 지역의 위상은 더욱 높아질 것으로 전망된다.

2) 서울 마곡지구

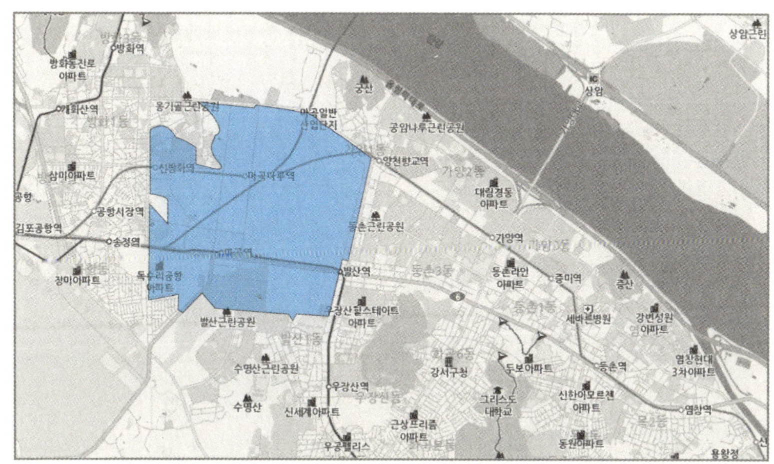

출처 : 온나라부동산정보 통합포털

2002년 한일월드컵 준비 과정에서 서울월드컵경기장 부지 후보지였던 마곡지구는 상암동으로 월드컵경기장이 결정되면서 신도시 사업부지로 계획이 변경된 곳이다.

마곡지구는 서울 도심 내 마지막 택지지구라는 상징성을 지닌 곳이다. 1만 2천 세대 규모의 주거지구와 상주인구 20만 명의 업무단지를 완성하기 위하여 현재도 공사가 진행 중이다. 지하철 9호선이 관통하는 마곡지구는 30분 이내에 강남에 접근할 수 있어 젊은 세대를 중심으로 유입이 늘어나고 있다. 오피스텔과 상가의 인기도 매우 높다. 마곡지구는 현재 대한민국 부동산에서 인기가 많은 지역 중 하나로서 2018년 LG사이언스파크의 입주와 함께 가치가 계속 올라갈 전망이다.

투자할 만한 이유 1 **손꼽히는 최상의 교통 환경**

서울 서남권 지역에 위치한 마곡지구는 중심부를 따라 지나는 9호선을 이용하면 강남까지 30분 내에 도착할 수 있다. 또한, 강북 지역, 인천공항, 수도권 주요 지역도 1시간 내에 접근할 수 있다. 굉장히 편리한 교통 환경을 갖춘 곳으로서, '부동산은 입지다'라는 명제를 확실하게 보여주는 곳 중 하나다. 이미 마곡지구에

마곡지구 토지이용계획도

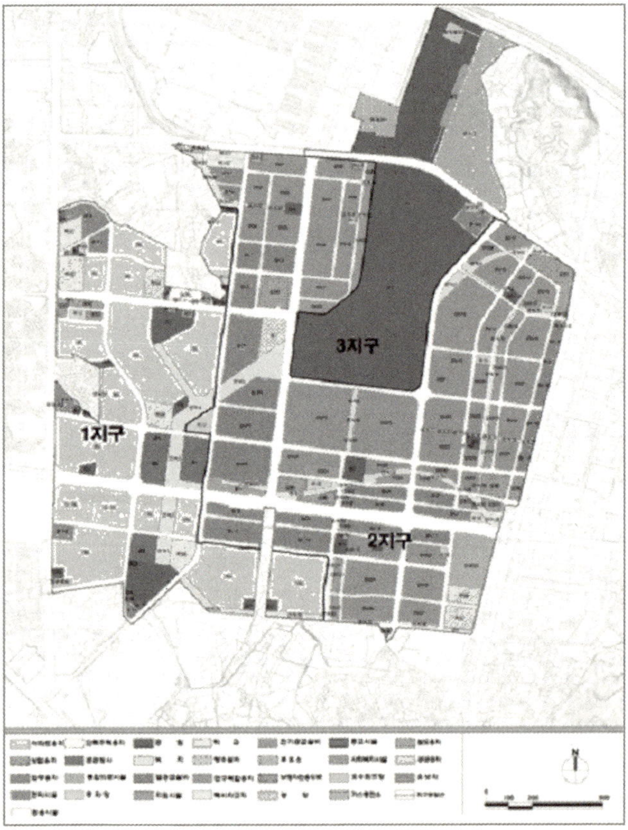

출처 : 서울주택도시공사 웹사이트(www.i-sh.co.kr)

위치한 엠밸리 아파트는 평당 2,500만 원을 넘었고, 역세권에 위치한 상가나 오피스텔도 미분양을 찾아보기 어려울 정도다.

한편, 현재 개발 중인 대규모 업무단지가 마곡지구에 들어서면, 종로, 강남, 여의도, 상암과 함께 서울 5대 업무지구로 손꼽힐 만큼 각광 받을 것으로 보인다. 또한, 마곡지구는 이로써 서울 속의 작은 신도시로 자리매김할 것이다. 가격이 문제이긴 하나 실패하지 않는 확실한 투자처 중 하나라고 해도 과언이 아니다.

투자할 만한 이유 2 9호선과 LG사이언스파크

마곡지구는 초기에 아파트 미분양이 있었으나 9호선 개통 이후 급격한 인기 상승으로 현재는 서울에서 가장 뜨거운 투자처가 되었다. 이처럼 부동산 투자자들이 마곡지구를 신뢰하고 투자하는 것은 9호선이 지구 중심부를 가로지르기 때문이다. 또한, 마곡나루가 급행역이 될 거라는 예상도 한몫한다. 마곡지구 내 9호선 역세권의 경우, 20~30대가 여의도, 강남에 편리하게 출퇴근할 수 있다는 이유로 역 근처 오피스텔을 찾고 있다.

부동산 투자자들이 마곡지구를 욕심내는 또 다른 이유는 바로 업무지구다. 특히 LG사이언스파크다. 이 때문에 투자자 사이에서 마곡지구의 부동산에 거는 기대감이 커졌다. 2018년부터 LG사이언스파크에 본격적으로 입주가 시작되고, 주변 업무지구에도 기업이 이전하면 마곡지구는 자족 기능까지 갖추게 된다. 이처럼 성장 가능성이 무궁무진한 마곡지구는 수익형 부동산 투자처로서 가장 좋은 곳이라 할 수 있다.

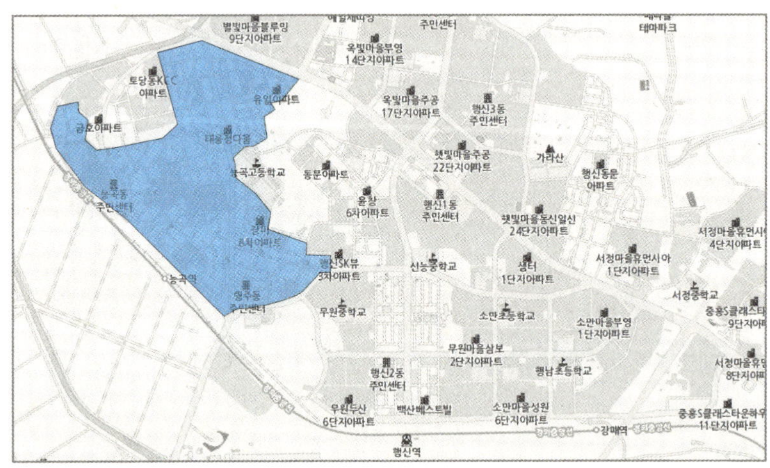

출처 : 온나라부동산정보 통합포털

능곡뉴타운은 부동산 투자자들이 아니라면 굉장히 낯선 지역이다. 고양시에 위치하고 있지만 일산신도시, 화정지구, 행신지구 등 대규모 주거단지로 조성된 지역과 달리 노후한 저층 단독주택단지 밀집 지역으로서 '능곡재정비촉진지구'가 정확한 명칭이다. 능곡뉴타운도 뉴타운 지정 이후 오랫동안 사업이 지지부진했다가 최근 많은 투자자가 몰리면서 관심이 높아졌다.

투자자의 관심을 모은 가장 큰 이유는 GTX 대곡역과 소사−대곡선의 능곡역 개통에 따른 교통 호재 때문이다. 능곡뉴타운이 새로운 주거단지로 거듭나기 위해서는 상당한 시간이 필요해 보이지만, 향후 고양시의 신흥 주거단지로서 부동산 가치가 크게 상승할 것으로 기대된다.

능곡뉴타운 현황도

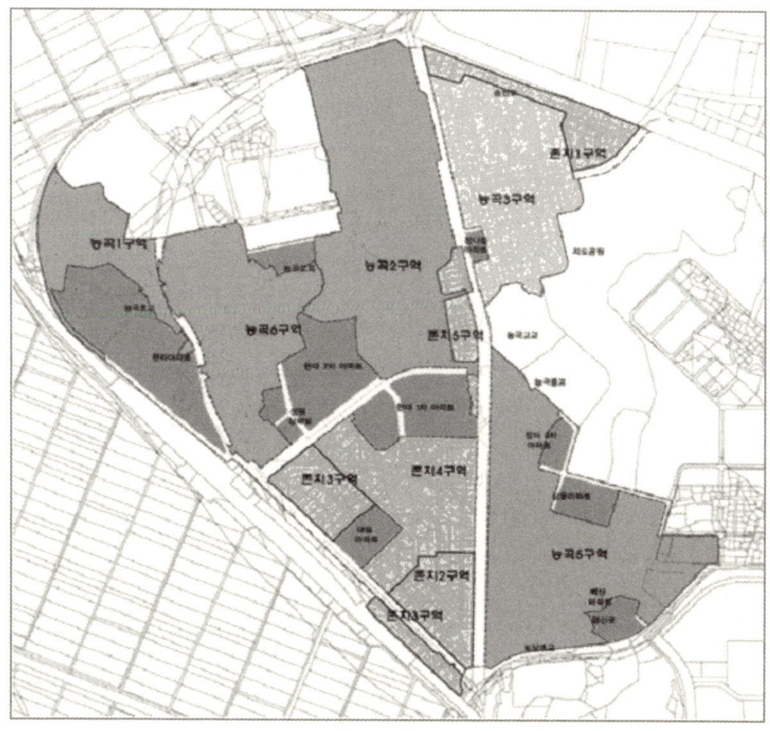

출처 : 고양시청 웹사이트(www.goyang.go.kr)

투자할 만한 이유 1 **뉴타운 개발에 따른 신규 주거단지 조성**

능곡뉴타운은 지금까지 부동산 투자자들에게 그다지 관심 지역이 아니었다. 특히 고양시의 경우 일산신도시를 중심으로 인근에 화정지구, 행신지구가 개발되었고, 최근에 서울권으로 조성된 삼송지구까지 대규모 아파트단지가 조성되었기 때문이다.

경기도는 능곡지구를 뉴타운으로 지정하면서 지역 발전을 꾀했으나 거여·마천뉴타운과 비슷한 상황으로 10년 가까이 사업이 진척되지 않았고, 일부 구역은 뉴타운 구역에서 해제되었

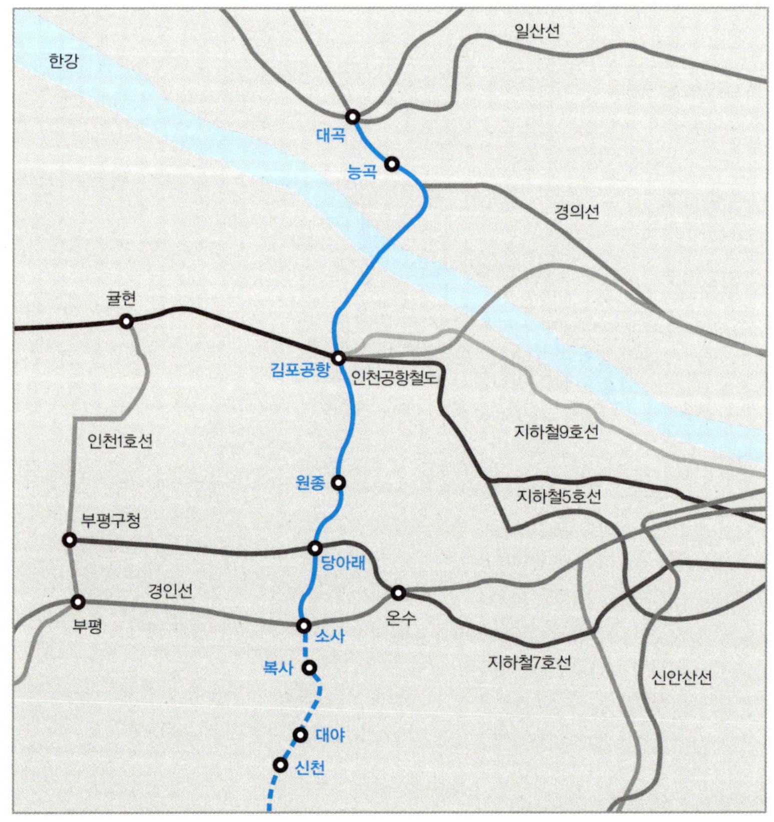

출처 : 국토교통부 웹사이트

다. 그러나 현재 능곡뉴타운은 새로운 주거단지로 변모할 것이
라는 기대감으로 많은 투자자들의 관심을 받고 있다. 물론 최소
5년 이상의 시간이 필요할 것이다. 그러나 중장기적인 관점에
서 능곡뉴타운에 관심을 가진다면 좋은 투자처가 될 가능성이
많다.

 GTX, 대곡-소사선 개통에 따른 교통 호재

능곡뉴타운에 관심이 커지는 이유 중 하나는 교통 여건의 개선이다. 그 중심에 GTX A노선의 대곡역과 대곡-소사선 개통이 있다.

능곡역은 현재 경의중앙선 지상철이 지나는, 출구가 하나밖에 없는 곳이다. 서울 강북 지역으로 접근하기도 좋지 않았지만, 강남에 갈 때는 2시간 가까이 걸렸다. 때문에 그동안 사람들에게 관심을 받지 못했다. 그런데 GTX A노선 개통 확정과 함께 분위기가 달라졌다. 능곡역에서 1정거장 거리인 대곡역까지 가면 GTX를 타고 강남까지 20분 내에 접근할 수 있게 된 것이다. 또 있다. 대곡-소사선이 개통되면 김포공항역까지 4정거장 거리고, 여기에 9호선 급행을 타면 강남까지 30분대에 접근할 수 있다. 2시간 걸렸던 출퇴근 시간이 1시간 이내로 줄어들게 되니 엄청난 호재인 셈이다. 이런 지역은 호재는 확실한데, 호재가 되기까지 시간이 조금 걸린다는 점을 유념해야 한다. 그러나 선점 투자의 관점에서 가격이 덜 올랐을 때 미리 사놓고 기다리는 것도 수익형 부동산 투자에 있어서 좋은 방법 중 하나다.

4) 부천 부천종합운동장 역세권 개발지구

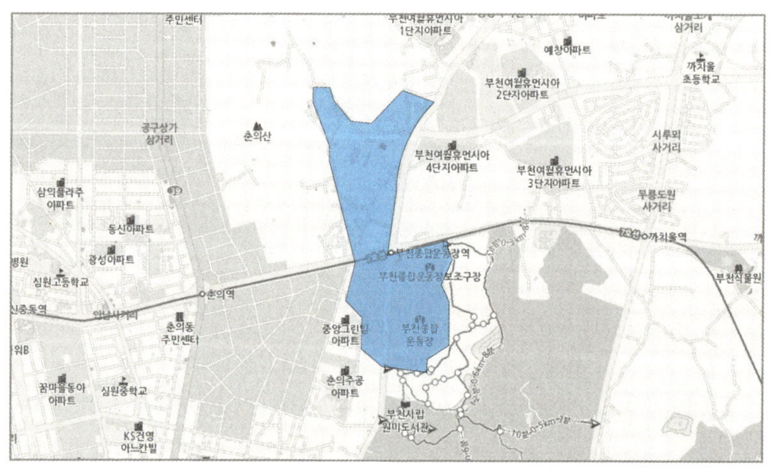

출처 : 온나라부동산정보 통합포털

부천시는 1기 신도시로 개발된 중동신도시와 인접한 상동지구를 중심 지역으로 하고 있다. 그런데 최근 부천시에서 부천종합운동장 역세권 개발을 발표하면서, 부천종합운동장 근방이 부천의 새로운 역세권 중심지로 떠올랐다. 부천종합운동장역을 중심으로 노후한 업무지구를 첨단산업 중심으로 바꾸고, 신흥 주거단지를 조성하며, GTX B노선 정차역과 대곡—소사선 역을 개통할 예정이기 때문이다. 아직 개발 구상 단계지만 부천시가 새로운 성장 동력 개발을 위해 적극적으로 추진할 것으로 예상되기 때문에 많은 투자자들이 주의 깊게 지켜보고 있는 상황이다.

투자할 만한 이유 1 **부천의 새로운 업무·주거 중심지**

부천시는 구도심 지역과 중동신도시와 상동지구의 신도심 지역으로 구분된다. 신도심 지역의 경우, 2012년 7월 7호선이 연장 개통하면서 중동신도시와 상동지구를 중심으로 상권이 활성화되었다. 많은 사람들이 몰려들면서 현재 부천시의 중심 지역으로 자리매김하였다. 부천시에는 노후한 제조 시설을 갖춘 중소 규모의 업체가 많다. 이 때문인지 부천시는 최근 춘의역 주변의 노후한 업무단지를 첨단산업단지로 조성하겠다는 계획을 발표했다. 부천 종합운동장역은 해당 지역과 인접해 있다. 이와 함께 부천종합운동장 역세권 개발을 추진 중에 있다. 아직 사업이 본격적으로 추진되지는 않았지만, 상동지구 이후 부천시에서 대규모 택지지구

부천시 종합운동장역 개발 구상도

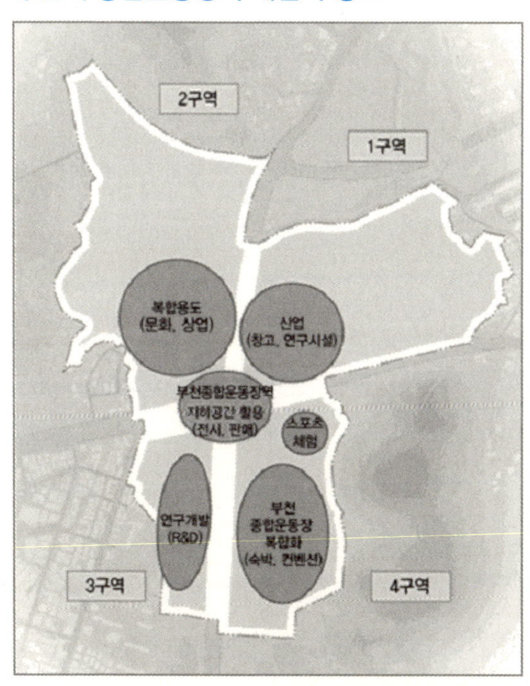

출처 : 부천시청 〈부천종합운동장 일원 도시개발계획 수립을 위한 기업체 수요 설문 조사〉

형태로 개발하는 곳이라는 점에서 투자 가치가 매우 높다. 이곳은 사업 추진 상황을 정기적으로 체크하면서 투자를 결정하는 것이 좋다.

  GTX, 대곡-소사선 개통

부천종합운동장 역세권 지역은 능곡뉴타운 지역과 비슷하다. 지금까지 사람들의 관심이 낮았고, 현재도 부천종합운동장역 주변은 횡하다. 그런데 GTX B노선이 정차하고, 대곡-소사선이 연장되면 상황은 달라진다. 부천종합운동장역에서 2정거장만 가면 김포공항이고, 여기서 9호선 급행을 타면 30분대에 강남에 접근할 수 있기 때문이다.

현재 부천종합운동장역에서 7호선을 이용하면 고속터미널역까지 40분 정도 걸리고, 여기서 다시 송파나 강남으로 가려면 총 1시간 넘게 소요된다. 하지만 9호선을 이용하면, 송파나 강남의 다른 지역을 40분 이내에 접근할 수 있다. 또한, GTX B노선 사업이 확정되고 향후 개통되면 30분 이내에 서울 접근이 가능해진다.

개발 계획이 모두 진행된다면 부천종합운동장역 주변은 GTX, 대곡-소사선, 7호선이 모두 있는 트리플 역세권이 될 것이다. 또한, 역 주변에 업무지구와 주거단지가 조성되면 새로운 상권이 형성될 것으로 보인다. 즉, 부천의 새로운 중심지가 될 수 있는 것이다.

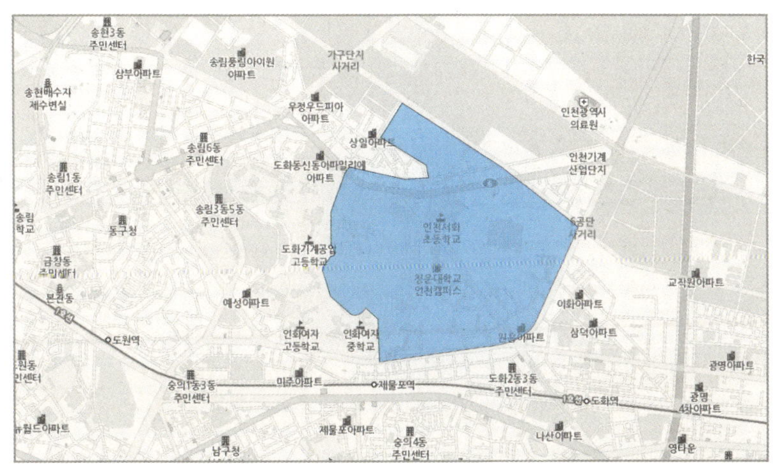

출처 : 온나라부동산정보 통합포털

도화지구는 2000년대 중반 인천경제자유구역 개발과 함께 구도심 개발 사업의 핵심 지역으로서 사업을 추진하던 곳이다. 그러나 사업 주체 간에 이견이 발생하고, 인천대 이전 지연 등 여러 문제가 연달아 불거지면서 개발이 지연되고 애물단지로 전락했다. 하지만 최근 도화지구가 새롭게 재조명을 받으면서 관심이 높아졌다.

원래 도화지구는 입지로는 우수한 지역에 위치해 있다. 인천 지역 내에서 이동하는 것은 물론이고 서울 출퇴근도 불편하지 않기 때문이다. 때문에 대형 건설사들이 아파트를 개발하면서 도화지구의 인기가 높아졌는데, 오히려 해당 지역과 그 주변은 주택 수요가 오랫동안 쌓인 채 해결되지 못했다. 이로 인해 대기하는 실수요자가 상당한 편이다. 한편, 인천대가 이전한 후

청운대가 들어오면서 반경 1.5킬로미터 내에 17개의 교육 시설이 이 지역에 밀집되었다. 때문에 20대의 수요가 꽤 있는 편이다. 또, 인천시 내에서 근무하는 1인 가구의 주거지로도 인기가 높아지고 있다.

투자할 만한 이유 1 인천 도심 내 대규모 택지지구로 조성

과거 도화지구 일대는 노후한 주택이 밀집한, 이른바 '낙후지역'이라는 인식이 강했다. 2000년대 중반 개발 사업이 본격적으로 추진되었으나 여러 문제로 지체됐다. 그러다 2015년 전후부터 눈에 띄는 변화가 일어나고 있다. 대규모 아파트단지가 조성되면서

도화지구 토지이용계획도

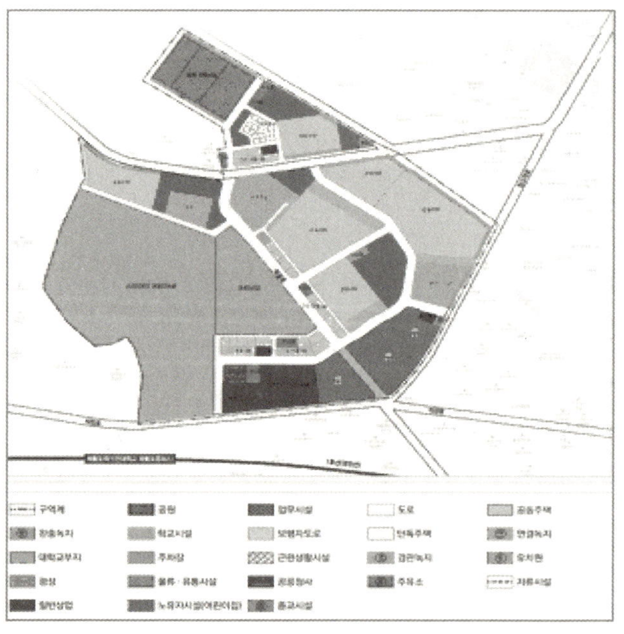

출처 : 인천도시공사 웹사이트(www.idtc.co.kr)

신흥 주거지구로 변모해가는 중이며, 또 정부에서도 도화지구를 뉴스테이(new stay, 중산층의 주거 안정을 위해 정부가 건설 추진 중인 기업형 임대주택) 시범지구로 지정하여 이 지역을 살리는 데 적극적이다.

도화지구는 기본적으로 인천 지역 내에서 교통이 편리한 지역으로 손꼽힌다. 또한, 주변에 일할 곳이 많고 대학도 인접해 있어 고정 인구가 많다. 20~30대 층이 풍부하여 오피스텔 공급을 두고 투자자 사이에서 관심이 높다고 한다. 2020년 정도면 도화지구 개발도 마무리될 것으로 예상되는데, 신흥 명문 주거 타운으로서 많은 사람들이 몰릴 전망이다.

투자할 만한 이유 2 2개 대학교가 함께 있어 20대 수요가 풍부

대한민국에서 일정 지역 내 대학교가 두 곳 이상 있는 곳을 찾기란 쉽지 않다. 신촌이 가장 대표적인 지역이고, 그다음으로 아주대와 경기대가 있는 동수원 지역이 꼽힌다. 하지만 두 지역의 차이는 꽤 큰 편이다. 신촌은 연세대, 이화여대, 서강대, 홍익대가 시너지 효과를 내어 상권이 활성화된 지역이다. 반면, 동수원 쪽은 아주대와 경기대가 시너지 효과를 내지 못하고 대학별로 상권이 각각 형성되어 있다.

인천 도화지구에도 대학교 두 곳이 붙어 있다. 하나는 인천대학교제물포캠퍼스고, 다른 하나는 청운대학교인천캠퍼스다. 이 두 학교의 학생 수를 합치면 대략 8천 명으로, 이곳과 인접한 공공기관과 중고등학교를 합치면 1만 명 가까운 고정 수요가 존재하는 셈이다. 따라서 1~2인 거주 수요가 굉장히 많아 안정적인 임대 수익을 기대할 수 있다.

6) 용인 역북지구

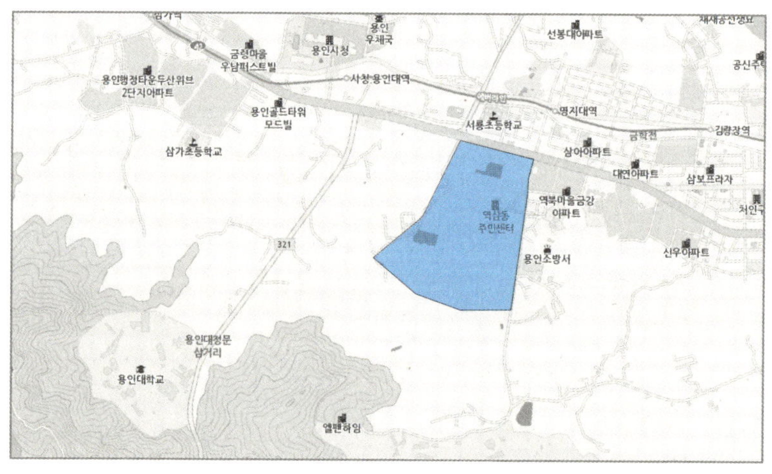

출처 : 온나라부동산정보 통합포털

역북지구는 용인시의 구도심인 처인구에 새롭게 조성된 택지지구다. 인구는 약 1만 1천 명, 세대수는 약 4,100세대로 뉴타운 정도의 규모를 자랑한다. 그러나 1990년대 중반 이후부터 용인시의 수지, 동백 지역이 개발되어 새로운 중심지로 부각되면서, 구도심이었던 처인구 지역은 쇠퇴의 분위기가 이어졌다.

그러나 역북지구가 개발되면서 처인구 내에 주거단지가 대규모로 조성되었고, 현재 역북지구는 처인구의 새로운 중심지로 부상하고 있다. 특히 용인행정타운, 용인대학교, 명지대학교 등이 주변에 위치하고 있어 수요가 풍부하다는 것이 역북지구의 가장 큰 장점이다. 역북지구는 현재 처인구에서 가장 살고 싶은 지역으로 꼽힌다.

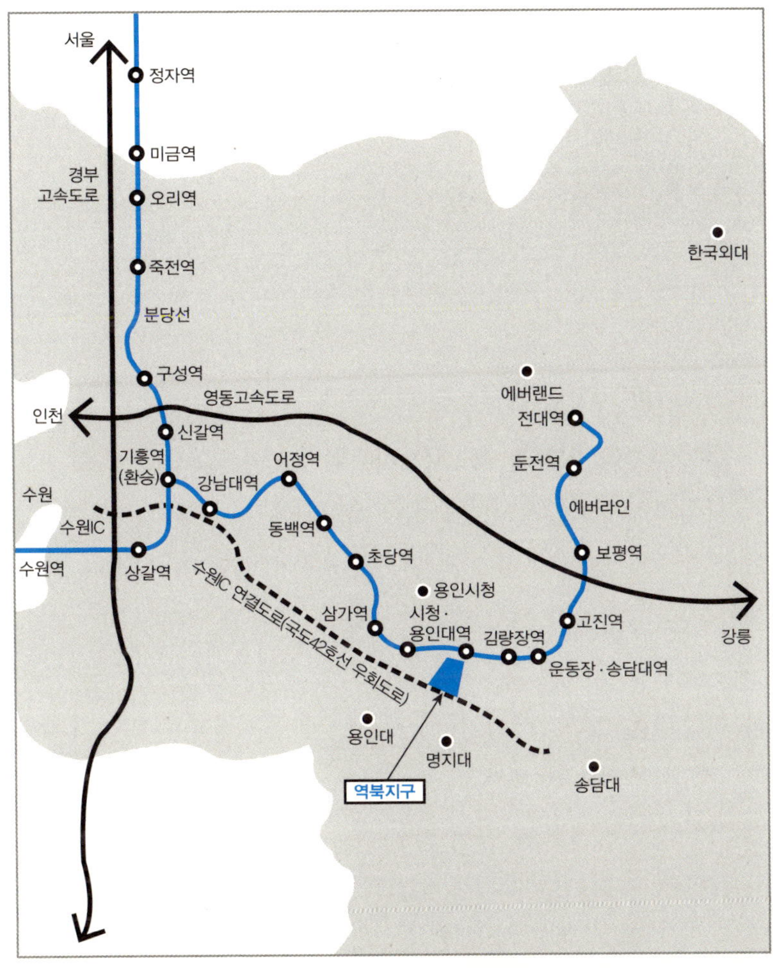

출처 : 용인도시공사 웹사이트(www.yuc.co.kr)

투자할 만한 이유 1 용인의 새로운 중심지로 부상

용인 구도심 지역이 발전하지 못한 이유 중 하나는 수지나 동백에 비해 교통 접근성이 낮았기 때문이다. 또한 용인행정타운, 용인대학교, 명지대학교에 근무하는 직원과 학생들이 선호하는 신축 아파트나 건물도 주변에 없었다. 그러나 역북지구가 새로운 주거타운으로 개발되면서, 앞으로 베드타운으로서 가장 선호하는 지역으로 자리 잡을 것으로 보인다. 또한 수지나 동백지구에 비해서 저렴한 주택가격도 외부 수요를 흡입할 수 있는 경쟁력으로 작용하고 있다.

앞으로 역북지구가 완전히 자리 잡고 안정되려면 2~3년의 시간이 필요하지만, 향후 처인구의 부동산 시장을 선도하는 핵심 지역이 될 것은 분명하다.

투자할 만한 이유 2 용인행정타운과 두 대학교의 고정 수요

지금까지 처인구 지역은 용인대학교와 명지대학교 직원 및 학생 수요를 동시에 흡수할 수 있는 곳이 없었다. 그러나 용인대학교와 인접하고 명지대학교 입구에 위치한 역북지구가 개발되면 최신식 주거지로서 직원 및 학생 고정 수요를 흡수할 것으로 전망되고 있다. 또한, 역북지구는 용인행정타운과도 가까워 용인시 공무원들이 도보로 출퇴근할 수 있는 지역으로서 직주근접이 가능할 것으로 기대된다.

앞에서 살펴본 도화지구처럼 역북지구도 용인행정타운과 용인대, 명지대에 의한 약 2만 명 고정 수요가 있는 지역이다. 특히 1~2인 가구 수요가 많기 때문에 수익형 부동산에 있어 최적의 투자 지역이라고 할 수 있다.

7) 서울 신길뉴타운

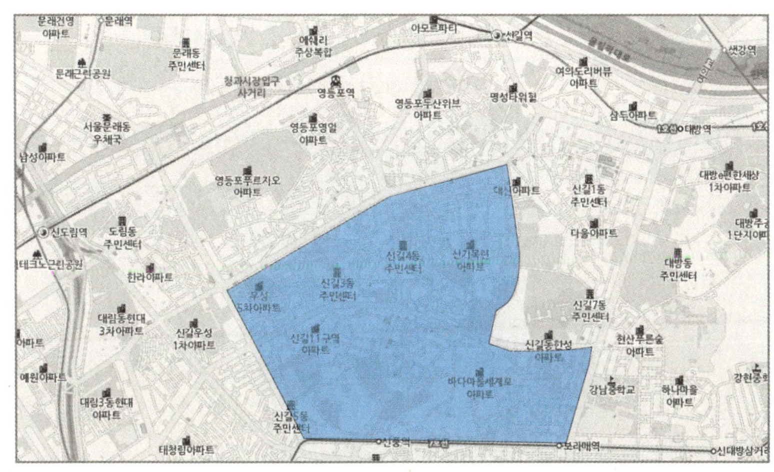

출처 : 온나라부동산정보 통합포털

　신길뉴타운은 서울 도심이라는 좋은 입지에 위치했음에도 불구하고, 낙후한 곳이라는 이미지가 강했다. 게다가 중국 동포 등이 많이 모여 사는 지역과 가깝다는 이유로 동네 인식도 좋지 못했다. 신길뉴타운으로 지정된 이후에도 사업이 지지부진하여 제대로 추진되지 못하다가, 일부 구역을 뉴타운에서 해제한 이후 몇몇 지역만 본격적으로 사업이 추진되었다. 사업 추진 소식에 해당 부동산 시장은 상승 분위기를 탔다.

　현재 가장 빨리 사업이 진행되는 곳은 신길7구역으로, 신길뉴타운의 분위기를 주도하고 있는 곳이다. 또한, 신안산선이 신길뉴타운 초입인 신풍역에 정차할 예정으로, 신풍역은 곧 7호선, 신안산선의 더블 역세권이 된다. 덕분에 신길뉴타운의 가치는 더욱 상승하고 있다.

신길뉴타운의 경우, 앞으로 모든 구역의 사업이 마무리되려면 약 5년 정도 시간이 필요하다. 사업이 완료되면 영등포 지역의 새로운 주거단지로서 각광 받을 것으로 기대된다.

투자할 만한 이유 1 서울 도심에 위치한 대규모 주거단지

신길뉴타운은 1구역에서 16구역까지로 구성되어 있다. 그러나 현재 구역 해제된 지역과 본격적으로 사업이 추진되지 않은 곳을 제외하면 5, 7, 8, 9구역과 11, 12, 14구역만 재개발 사업이 진행 중이다. 사실 11구역의 경우 2015년 말에 래미안 영등포 프레비뉴가 준공되어 입주를 시작했지만, 많은 사람들이 알지 못한다. 왜냐하면 당시에는 부동산 시장 전체가 상승기였고, 다산신도시나 광명역세권지구 등 대규모 택지지구에 관심이 높았기 때문이다. 그러나 신길뉴타운은 서울 도심에 위치한다는 확실한 입지 장점이 있었고, 결국 사람들의 관심이 쏠리기 시작했다. 신길뉴타운에서 가장 핵심 지역은 7구역이다. 2017년 4월에 준공되었으며, 래미안이 들어섰기 때문이다. 또, 7호선 신풍역 앞에 위치하고 있어서 부동산 투자자의 인기 상품 중 하나다. 앞으로가 더욱더 기대되는 신길뉴타운은 영등포 지역의 새로운 명문 주거타운으로 도약할 것으로 전망된다.

투자할 만한 이유 2 신안산선 개통에 따른 더블 역세권

신안산선은 2018년 상반기 착공을 추진 중에 있으며, 2023년 개통을 목표로 하고 있다. 신안산선은 신길뉴타운의 가치를 가장 확실하게 높여준 호재다. 신안산선이 개통되면 신길뉴타운에서

여의도까지 지하철로 한 번에 연결된다. 기존의 7호선 라인을 통한 강남 지역과 가산디지털단지로의 접근도 좋을뿐더러, 앞으로 신안산선 라인을 통한 여의도로의 접근성도 개선될 것으로 보여 출퇴근이 쉬운 핵심 지역으로 부상하고 있다. 현재 신길뉴타운은

신안산선 노선도

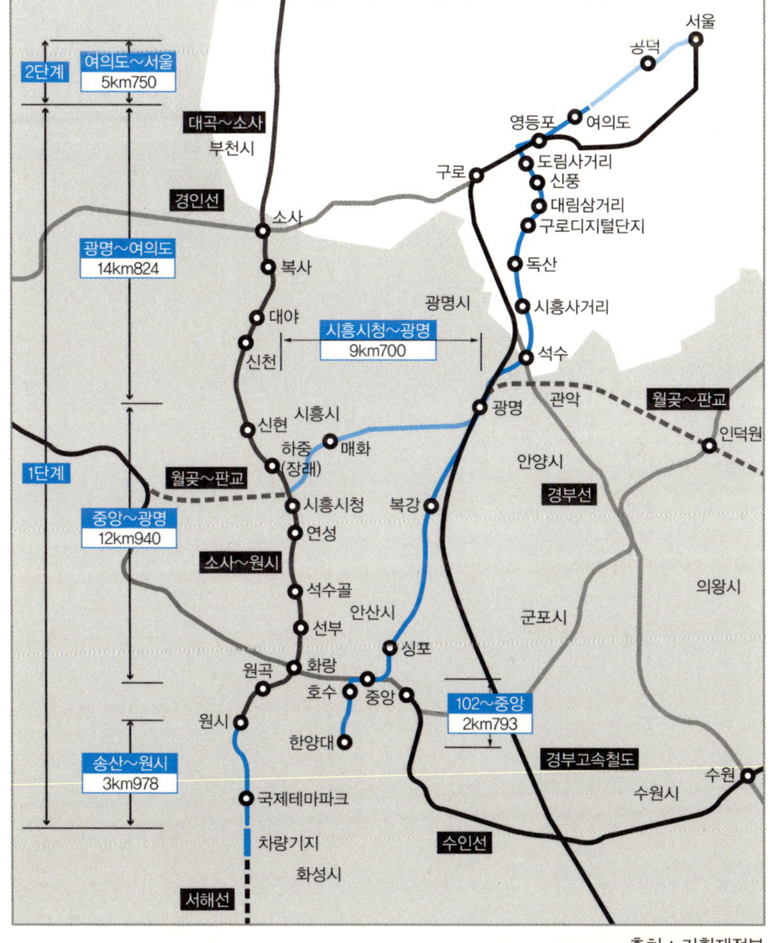

출처 : 기획재정부

새로운 주거단지로 변화하고 있는 과정으로서 사업이 완료되려면 어느 정도의 시간이 필요하겠지만, 5년 후에는 영등포 지역에서 부동산 시장을 선도하는 핵심 지역이 될 것이다.

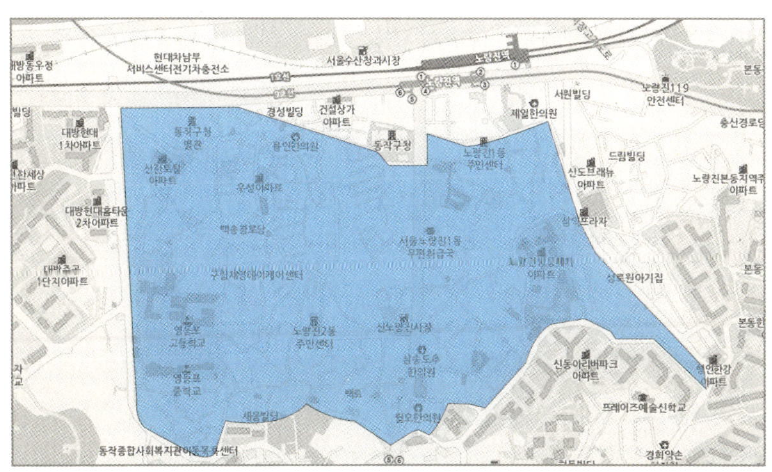

출처 : 온나라부동산정보 통합포털

　　노량진뉴타운도 2000년대 중반 뉴타운 지정 이후 오랫동안 사업이 지지부진했다. 그러나 그 기간 동안 9호선이 개통되어 교통 환경이 매우 좋아졌고, 공무원 시험의 메카로서 위상을 확고히 자리 잡았다. 특히 로스쿨로 인해 신림9동의 고시촌이 쇠퇴하면서 노량진이 우리나라의 명실상부한 고시촌으로 자리하였고, 상권 또한 확대되고 있다. 현재 노량진을 가보면 차량 진입이 어려운 좁은 골목 사이로 오래된 주택들이 밀집되어 있다. 주택 대부분 자취방을 내놨는데, 빈방이 없을 정도로 수요가 많은 편이다.

　　노량진뉴타운도 본격적으로 개발의 움직임이 나타나고 있으며, 2020년 정도가 되면 6구역을 시작으로 아파트단지로 탈바꿈할 것으로 예상된다. 특히 재개발 사업에서 개발 가능한 시설

요건이 완화되면서 상가나 수익형 부동산의 공급도 예상된다.

투자할 만한 이유 1 공무원 채용 정책에 따른 꾸준한 인구 유입

상주인구만 약 5만 명인 노량진 고시촌은 무엇을 해도 된다는 말이 있을 정도로 엄청난 수요를 자랑한다. 물론 그만큼 상가 임대료가 비싸고, 원룸 비용도 싸지 않다. 수익형 부동산 투자 관점에서 보면 노량진만큼 확실하고 안전한 투자처가 없을 것이다. 아마 수익형 부동산 넘버원 지역으로 강남과 노량진 중 하나를 꼽지 않을까 싶다.

한국 최고의 직업으로서 공무원이 뽑히는, 어떻게 보면 슬픈 현실이지만 노량진은 반사이익으로 국내 최고의 수익형 부동산 투자처로서 위상이 확고하다. 더욱이 문재인 정부에서 공무원 인원을 늘린다는 정책을 발표하면서 노량진에 유입되는 인구가 지금보다 더 많아질 것으로 예상된다. 공무원 시험이 없어지지 않는 한 노량진의 위상은 떨어지지 않을 것이고, 수익형 부동산의 최고의 투자처로서도 그 가치가 지속될 것이다.

투자할 만한 이유 2 사통팔달의 교통 환경

노량진은 예전부터 공무원 시험을 준비하는 사람들이 모이는 곳이었지만, 신림9동의 고시촌에 비해 인지도가 낮았다. 그러나 로스쿨 제도 도입과 9호선 개통으로 현재 신림9동보다 유명한 지역이 되었다. 1호선만 다니던 시절과 달리 9호선이 지나가면서 노량진은 고시생뿐만 아니라 20~30대 자취생도 선호하는 지역으로 탈바꿈했다. 현재 9호선 노량진역을 통해 강남, 여의도,

마곡지구에 20분 내로 접근할 수 있다. 특히 주변에 1~2인 가구에게 편리한 생활환경이 갖춰지면서 더욱 각광 받고 있다.

더욱이 재개발로 주거타운이 들어서면 기존의 노후하다는 이미지가 사라지면서, 노량진의 위상이 여의도에 버금갈 정도로 높아질 것으로 전망된다.

6

수익형 부동산, 이것만 기억하자!

1

　　부동산은 주식과 함께 사람들이 부를 축적할 수 있는 가장 대중적인 방법이다. 부동산과 주식은 투자 접근 방식에 차이가 있고, 개인의 성향에 따라 선호하는 분야도 다르다. 그러나 내가 어떤 투자자든 간에 공통적으로 전하는 조언이 하나 있다. 바로 '무리해서 투자하지 말라'는 것이다.

　　대부분의 전문가들은 너무도 뻔한 말이지만 무리해서 투자하지 말라고 조언한다. 나도 그렇다. 아무리 좋은 물건이 있어서 투자하고 싶더라도, 무리하게 대출하여 투자하지 말기를 바란다. 좋은 물건은 기다리면 다시 찾아오니 그때까지 '총알'을 모아두는 편이 훨씬 낫다.

　　부동산 투자는 100% 성공할 수 없다. 물론 실패하지 않기 위해서 철저히 분석하고 이를 통해 투자 결정을 내리지만, 부동산에는 항상 변수가 존재한다. 냉정하게 이야기하면 투자는 항상 손실을 감안하고 시작해야 한다. 그리고 일단 투자하면 손실에 대해서는 잊어버릴 수 있어야 한다.

2000년대 중반에는 부동산이 대세 상승기였고 일주일에 부동산 가격이 몇천만 원 오르는 일도 많았다. 물론 최근에도 서울 등 일부 지역에서는 그런 현상이 나타나기도 해서 정부에서 강력한 대책을 내놓으려고 준비하고 있다. 하지만 대부분의 부동산들은 그러하지 못한 것이 현실이다. 특히 주식과 달리 중장기적으로 접근해야 하는 부동산 투자는 기다릴 줄 아는 여유가 분명히 필요하다. 그렇기 때문에 없는 셈 치고 여윳돈으로 투자하면 느긋하게 기다릴 수 있지만, 무리하게 대출받아서 투자하면 매월 감당해야 하는 이자만큼 부동산 가격이 오르지 않을 경우 불안하고 초조해진다.

부동산 투자도 결국 기다리는 사람이 승자가 된다. 자금이 여유로워야 기다릴 수 있기에 절대 무리해서 투자하지 않기를 바란다.

2

부동산에 싸고 좋은
물건은 없다

싸고 좋은 것을 요즘 말로 '가성비(가격 대비 성능)가 좋다'고 한다. 굳이 이름값을 따지지 않아도 성능이 좋고 가격이 저렴한 상품이라면 잘 팔릴 것이다.

그렇다면 부동산에 싸고 좋은 물건이 있을까? 없다. 싸고 좋은 물건이 있으면 다른 사람들이 모두 사버렸을 것이다. 물론, 경매 시장에서 좋은 물건이 기타 권리관계나 활용방안이 쉽지 않아 싸게 낙찰되는 경우가 있다. 하지만 그런 경우는 해법을 알고 있는 소위 '고수'들이 요령껏 싸게 낙찰받는 것이다. 반면, 일반적인 부동산 물건에서는 그런 경우는 100% 없으며, 초보자들은 그런 물건을 찾지도 못한다.

초보자들의 눈은 대부분 비슷해서 강남 지역, 아니면 초역세권의 물건이 좋아 보인다. 당연히 좋은 부동산들이다. 그런데 그런 부동산들은 안타깝게도 가격이 비싸다. 공급과 수요의 논리에서 공급은 적고 수요는 많기 때문이다. 사실 이런 곳에 투자하면 안전하다. 투자할 여력이 없어서 못하는 경우가 비일비재할 뿐이다.

수익형 부동산에서도 싸고 좋은 물건을 찾는 것은 어리석은 행동이다. 부동산은 가격만큼 그 가치를 하는 상품이다. 따라서 너무 비싸지 않은, 적절한 가격 선에서 좋은 부동산을 찾아내는 노력이 요구된다. '발품을 팔아라'라는 말도 같은 맥락이다. 아주 좋은 물건을 살 수 없다면, 적어도 중간 이상 가는 물건에 투자하는 것이 바람직하다.

수익형 부동산도 싼 게 비지떡이다. 싸게 사면 나중에 싸게 팔아야 된다는 점을 명심하자.

3

확신이 설 때 투자하자

　초보자가 가장 많이 망설일 때는 아무래도 확신이 서지 않을 때다. 그런데 이 확신이란 것은 누가 옆에서 아무리 조언해준다 해도 잘 와 닿지 않는다. 결국 본인 스스로 판단하고 결정해야 한다.

　필자 주변에는 쉽게 투자하는 듯한 사람이 몇몇 있다. 그들의 이야기를 들어보면, 투자를 몇 번 해봐야 확신을 갖고 투자할 수 있다고 한다. 그렇다. 투자 경험이 없으면 쉽게 투자하기 어렵다. 우스갯소리로 결정 장애가 있는 것 같다고 하소연하는 초보 투자자도 있다. 내 생각에는 결정 장애라기보다 투자에 대한 두려움 때문인 것 같다.

　처음이 어렵지, 한번 투자한 후 부동산 가격이 오르는 게 눈에 보이면 그다음부터는 일사천리로 투자가 이뤄진다. 옆에서 말릴 정도로 공격적으로 투자하거나 심지어 가보지도 않고 전화로 선점하듯 투자하는 사람도 봤다. 물론 모두 확신을 갖고 투자하는 것이지만, 그렇다고 아무것에나 투자해서는 안 된다. 개인마다 차이는 있지만, 각자의 투자 기준에 부합할 때만 투자하는 것이 좋다.

2013년에서 2014년까지 소위 갭투자에서 선점 투자가 많이 이뤄졌다. 그때 당시 투자한 사람들은 많은 시세차익을 남겼다. 시장 변화에 대한 확신이 있었기 때문에 가능했다. 대부분 재테크 교육을 많이 들었던 사람들이다. 부동산 시장 침체기에도 꾸준히 재테크 공부를 해서 자기 실력을 키웠기 때문에 성공을 거둘 수 있었다. 내가 여기서 말하고자 하는 점은 초보자의 경우 섣부르게 투자하지 말라는 것이다. 한번 실패하면, 두 번 다시 하기 힘든 게 부동산 재테크다.

따라서 재테크를 꾸준하게 공부하기 바란다. 아무리 옆에서 좋은 물건을 소개해주고, 또 소위 찍어준다 해도 스스로 확신하지 않으면 절대로 투자할 수 없다.

모르는 지역은 투자하지 말자

4

부동산 투자를 처음 시작하는 사람들은 자기 동네나 잘 아는 지역에 투자하려 한다. 이러한 마음가짐을 끝까지 유지해야 한다. 어느 지역이 좋다고 해서 팔랑 귀처럼 섣불리 투자했다간 부동산을 팔 때 어려움을 겪는다. 특히, 시장이 하락기일 때는 특정 지역이 좋다고 해도 제대로 부동산을 판단하기 어렵다.

만약 모르는 지역인데 주변에서 다들 좋다고 투자하라고 권한다면 어떻게 해야 할까? 그러면 그 지역을 최소 5번 이상 가보자. 인터넷으로도 검색해서 찾아보고, 그 지역을 잘 아는 주변 사람에게도 물어보자. 저성장의 길을 걷고 있는 우리나라의 경우, 이제 과거처럼 부동산을 사놓기만 하면 무조건 오르기 쉽지 않다. 특히 과거처럼 큰 폭으로 오를 경우는 더더욱 없을 것이다. 따라서 '묻지마'식의 투자는 곤란하다.

앞에서도 내내 강조했지만, 부동산 투자도 여타 투자처럼 좀 더 많이 알고 있는 사람이 덜 알고 있는 사람에게서 수익을 가져온다. 모르는 사람은 돈을 잃을 때가 많다는 점을 기억하자. 아는 것이 힘이고, 아는 만큼 보인다. 투자의 내공부터 꾸준히 쌓기를 바란다.

5

자주 가볼 수 있는 지역을 선택하자

부동산 투자자 사이에서는 '부동산을 자식 대하듯 신경 써라'라는 말이 돈다. 그만큼 자주 찾아가 보고 작은 변화에도 관심을 갖고 신경 쓰라는 말이다.

요즘은 KTX나 SRT를 통해 전국 어디든 3시간 안에 접근할 수 있어 쉽게 가볼 수 있기는 하다. 그러나 중요한 것은 가는 데 시간이 얼마큼 걸리느냐가 아니라, 마음에서 그곳을 얼마큼 가까운지 느끼는가이다. 즉, 물리적 거리가 아니라 심리적 거리다. 다시 말해 심리적으로 가깝다고 느끼면 그곳을 쉽게 찾아가지만, 반대로 멀게 느끼면 가기가 쉽지 않다. 우리가 강원도 지역이라고 하면 일단 멀다고 느끼는 이유가 바로 이 때문이다.

부동산은 자주 가볼 수 있는 지역이 좋다. 특히 부동산 시장이 침체기일 때는 더욱더 그렇다. 또, 수익형 부동산의 경우에도 투자한 부동산의 주변 지역이 어떻게 변하고 있는지 주기적으로 파악해놓으면 월세를 올릴지 내릴지 판단하는 데 도움을 얻을 수 있다.

부동산 투자는 적은 돈으로 하는 것이 아니다. 따라서 한번 잘못되면 경제적으로든 심리적으로든 큰 타격을 받는다. 따라서 투자 이후에도 지속적으로 관심을 쏟아부어야 한다. 그렇다고 매일매일 부동산에만 집착하듯 신경 쓰라는 것은 아니다. 마음만 먹으면 최소 한 달에 한 번 정도 쉽게 가볼 수 있는 그런 곳에 투자하라는 것이다. 또한, 자주 찾아갈 수 있는 곳에 투자하면, 매번 찾아가 그 지역을 살펴보면서 모르는 것이 없어지니 안정감이 들기도 한다.

6

관심 물건은 반드시
주변에 자문을 구하자

부동산에 투자한 기간이 3년 이상이고, 5건 이상 투자해봤다면 대부분의 사람들은 자신이 정말 대단하다고 생각한다. 필자도 오래전 그런 경험을 한 적이 있다. 그러나 그 시기에 가졌던 자만심은 투자 실패로 돌아왔다.

주변에도 그런 경우를 볼 수 있다. 다른 사람의 말은 듣지 않고, 본인만큼 어떤 부동산에 대해서 아는 사람이 없으므로 자기 판단이 가장 정확하다고 생각하는 경우다. 그런 사람들에게 필자는 특별히 별다른 말을 해주지는 않는다. 말을 해줘도 귀에 들어오지 않기 때문이다. 경매 투자에서 흔히 있는 경우인데, 어떤 부동산 물건에 꽂히면 마치 자신을 위한 물건인 듯 비싼 값을 치르더라도 낙찰받는다. 그런 사람들은 십중팔구 한동안 연락이 없다가 문제가 생겼을 때 자문을 구하기 위해 나를 찾아온다. 그렇게 수천만 원에서 수억 원의 수업료를 지불하고서야 자신의 행동에 대해서 반성한다.

지인이나 고객 중에서 이러한 일로 나에게 도움을 받았던 사람들은 이제는 투자 전에 먼저 투자할지 말지를 물어본다. 특히 초보자들은 돌다리도 두드려본다는 식으로 사소한 것 하나하나 신중하게 질문을 던진다. 내 입장에서는 여간 귀찮은 일이 아니지만, 투자자라면 그런 자세를 가져야 한다. 특히 투자 경험이 쌓였을 때는 더욱 이러한 마음가짐을 갖춰야 한다. 개구리가 올챙이 시절 생각 못한다고 투자 경험이 쌓이면 객관적으로 판단하지 못하고 자신의 주관대로 투자하는 경우가 많다. 이런 경우 자칫하면 투자 실패로 이어질 수 있다.

앞에서도 말했듯이 스스로 확신하는 것은 참 중요하다. 그러나 무조건 자신만 옳다고 생각하지 말고, 다른 사람 특히 자신보다 부동산 투자 경험이 많은 사람에게 조언을 구해보자. 그러면 자신이 미처 알지 못했던 부분들을 한 번 더 챙길 수 있다. 따라서 부동산에 투자하기 앞서 자신의 주변에 멘토 한 명 정도 두기를 바란다. 투자할지 말지 망설일 때 객관적이고 냉정하게 답변해줄 수 있는 멘토가 있다면 실패할 이유가 없다.

모르는 것은 부끄럽거나 자존심 상하는 일이 아니다. 관심 물건일수록 반드시 주변의 조언을 구하기를 바란다.

처음 시작하는
수익형 부동산

초판 1쇄 2017년 9월 1일

지은이 윤동순
펴낸이 설응도
펴낸곳 라의눈

편집주간 안은주
편집장 최현숙
편집팀장 김동훈
책임편집 고은희
영업·마케팅 나길훈
전자출판 설효섭
경영지원 설동숙

출판등록 2014년 1월 13일(제2014-000011호)
주소 서울시 서초구 서초중앙로29길 26 (반포동) 낙강빌딩 2층
전화번호 02-466-1283
팩스번호 02-466-1301
e-mail 편집 editor@eyeofra.co.kr 마케팅 marketing@eyeofra.co.kr
　　　　경영지원 management@eyeofra.co.kr

ISBN 979-11-86039-85-4 13320